16.50

**WILL
CROW**

BONES

AN ANTHOLOGY OF BURMESE POETRY

WILL

EDITED BY KO KO THETT AND JAMES BYRNE

CROW

NIU PRESS / *DeKalb, Il*

© 2013 by Northern Illinois University Press
Published by the Northern Illinois University Press,
DeKalb, Illinois 60115
Manufactured in the United States using acid-free paper.
All Rights Reserved

A version of *Bones Will Crow*, entitled '*Bones Will Crow: 15
Contemporary Poets*' was published in the United Kingdom by Arc
Publications Ltd. in July 2012.

Library of Congress Cataloging-in-Publication Data
Bones will crow : an anthology of Burmese poetry /
edited and translated by Ko Ko Thett & James Byrne.
pages cm
Summary: "This is the first anthology of contemporary Burmese poets pub-
lished in the United States. It includes the work of Burmese poets who have
been in exile and in prison. It will announce to American readers the vitality
and importance of Burmese poetry to world literature"
—Provided by publisher.
ISBN 978-0-87580-691-4 (pbk : alk. paper)
— ISBN 978-1-60909-086-9 (e-book)
1. Burmese poetry—Translations into English. I. Ko Ko Thett, 1972–
editor of compilation, translator. II. Byrne, James, 1977–
editor of compilation, translator.
PL3984.5.E5B663 2013
895'.81408 dc23
2013009416

*ko ko thett
dedicates this book to
his parents and to a little goby*

*James Byrne is grateful for a Stein Fellowship from
New York University during the early period of his research
on this anthology. Additional thanks to Tony Ward and
Angela Jarman at Arc.*

CONTENTS

MAUNG CHAW NWE
Biographical note / 95

MAUNG PYIYT MIN
Biographical note / 119

KHIN AUNG AYE
Biographical note / 133

ZEYAR LYNN
Biographical note / 147

MAUNG THEIN ZAW
Biographical note / 165

PANDORA

Biographical note / 237

MAUNG YU PY

Biographical note / 251

When the monsoon breaks in Rangoon, the red brick buildings of the old university stream with rain. You can see the vivid green undergrowth swelling before your eyes as the silver sheets down.

Rangoon University was one of Asia's top universities in the 1940s and 1950s when the first nine poets in this anthology were children but today it is empty of undergraduates. They have been shunted to the outskirts, to huge campuses custom-built for surveillance and control. Yet this university is where Burmese students in the 1920s led nationalist protests against British rule and also brought about a turning point for modern Burmese poetry.

Burmese literature goes back a millennium. Its soul was formed by Buddhism, its language is full of monosyllables and subtle tonalities which make it a perfect habitat for echoes, reflections, intricate rhyme. The earliest surviving writings are stone inscriptions: poetry must already have been written then, since the earliest surviving work that is not an inscription is a very sophisticated poem indeed, 'The Cradle Song of the Princess of Arakan', 1455. From the fifteenth century, poetry was the driving literary medium and until the eighteenth century most of it was in four-syllable lines linked by an internal 'climbing rhyme': the fourth syllable of the first line was rhymed by the third syllable of the second line and the second syllable of the third line – a style called *lei-lon tabaik*, 'four words one foot.' Then new influences swept in, above all the Indian epic *The Ramayana*. The eighteenth century was Burmese poetry's golden age, but in 1885 the British drove out the king and turned Burma into a colony of British India, demolishing poetry's court patronage.

The one plus of the new regime was that English was taught in schools. This opened up a new language and new literature and, in the 1920s, poetry became important in the nationalist movement against British rule. This is where Rangoon University comes in. The new poetry came not from the court but from the students. While marshalling new political energies, they also wanted a new style and voice: like other twentieth-century poets, they wanted a more direct relation with their readers.

They got it in *khitsan*, 'Testing the Times': poetry which rejected *lei-lon tabaik*, and court formalities. Khitsan went on into the 1960s and influenced the next generation, including Tin Moe, the oldest poet here. But as the world changes poets want to say new things in new ways. In the late 1960s and 1970s poets inspired by translations of Vladimir Mayakovsky and T. S. Eliot began to write "rhymeless" poems.

This was controversial; it always is. To rhyme or not to rhyme? Britain's "rhyming wars" started in the sixteenth century and though they are expressed differently in every decade show no sign of stopping. It is fascinating to see similar battles of form, voice and relation to readers fought out in another language and a different political and cultural landscape.

In every heritage, poets must tread not only between modernist and traditional but also between universal and particular, global and local. What happened locally to Burma in the sixties, however, differed radically from what happened elsewhere. It became 'a Stone Age cave sealed by stones,' as Maung Yu Py's poem puts it (p. 257). Behind all the poems in *Bones Will Crow* is the shadow of 'a great country... buried alive'. The last line of all here, so at odds with Burma's monsoon humidity and warm rain, is 'under the great ice sheet.'

The ice came down in 1962 with the military coup. Students demonstrated in Rangoon University, troops fired on them and destroyed the student union building, and ever since, Burmese poets have been largely cut off from the oxygen of other poets.

Poets need that oxygen (what would poetry in English be, if British poets of the fifteenth century had not been read Italian poems and discovered the sonnet?) but after 1962 foreign books were considered suspect and were hard to find. When the internet arrived elsewhere, it was forbidden in Burma.

If poetry is hard to get hold of it is even harder to write, in a world where censorship is an industry. 'I wanted to walk but did not know which way to take,' says Tin Moe:

And the earth
like fruit too shy to emerge
without fruit
in shame and sorrow
glances at me. ('Desert Years', p. 35)

But censorship, said Jorge Luis Borges (whose mother and sister were imprisoned for opposing Argentina's dictator), is the mother of metaphor. It was true of Soviet and post-war East European poets; this anthology makes clear it is true today in Burma too.

Poetry is the commonest form of literature in Burma, and the most censored, yet poets are constantly inventing new ways of saying what they want, while trying to make sure both that no black oblongs cut out words on the page, and that nothing happens to their families or themselves.

The mother of metaphor is hard at work here behind the wonderful vitality, inventiveness and surreal humour. As in the 'beards' of Zeyar Lynn (p. 151), who in the 1990s renewed poetry yet again by turning from feeling, writing poems apparently from the head rather than the heart. Even under an ice sheet, poets find ways of moving forward, forging fresh ways to make the familiar strange so readers can see their own lives with new eyes.

The poetry landscape here is particular to Burma but also universal. In Pandora's 'The Scene of the City Siege by the Daft' (p. 239), the daft 'do as the Romans do' for 'the daft virus is airborne'. 'Lily' in Eaindra's poem (p. 223) feels like 'a tiny she-snake from the wicker-basket of the snake-charmer' but also 'serves beer,' pours 'a froth of giggles' for 'masters,' and feels like 'God's glitch' – in a voicing which could come from any morally live society. In ko ko thett's work, 'the burden of being bama' (p. 213) means 'living on / sawdust and shrimp paste,' but also (in 'Permanent Installations', p. 217) feeling a moment's kinship with 'a fox on a suburban path at midnight' as any suburban inhabitant of London might do.

This is a world of surveillance and vigilance and its poetry is up to it – these poems are vigilant too. What comes across most, from this wide variety of voices and styles, is a zest-filled alertness to the here and now, to 'rice seedlings dancing in the breeze,' (p. 211) counter-balanced by the long view: by 'history,' a word you hear often in *Bones Will Crow*. History, the poets' friend, means in this collection a bunch of very different poets taking an ancient tradition forward under almost impossible restrictions; and renewing it, as poets must, by challenging and re-forming the voice and the design: the way a poem hangs together.

We are pattern-making animals. We use form to make sense of the world around us and poetry is one of the most intense ways of doing that. Pattern is what we perceive; pattern is what we make in response. Most of us in the West are unlikely to share many elements in the world to which these voices are responding. Neither its pain (*dukkha*, the Buddhist concept of suffering, is always in the background), nor its imaginative and cultural subtleties. But the human world these poems speak to through their images, humour, vivacity and grace, is ours too. There is so much here to learn from, to admire – and to love.

Ruth Padel

How have we selected a handful of poets for *Bones Will Crow* from probably more than a thousand living Burmese poets, not to mention the late and great ones?

We first thought of including *khitsan* poets, some of whom remain 'contemporary' and living – most prominently, Dagon Taya (b. 1919) and Kyi Aye (b. 1929). There are a great many poems in the *khitsan* canon, the first modern Burmese poetry movement that came to life in colonial Burma with the publication of *Khitsan Stories* (1933) and *Khitsan Poems* (1934) by Rangoon University students.

Burmese for contemporary is *khitpyaing*, which literally means 'parallel with the times'. The question that kept returning to us was how poets from Burma are responding to the times in what has been seemingly a hermit state since the 1960s – the decade which can be properly termed post-*khitsan* and that provides a starting point for *Bones Will Crow*. The poets represented here have come a long way from *khitsan* in their characteristic use of free verse, speech rhythm, colloquial language, *khitpor* and what Zeyar Lynn calls 'non-*khitpor*' poetics.

Zeyar Lynn introduces 'Burmese' poetry as 'Burmese / Myanmar'. The official name of the country is 'Myanmar', which also refers to what we call Burmese, the *lingua franca* of Burma, though the Burmese themselves often recognise either term. We are not trying to transcend the political, nor submit to it. For practical reasons alone, we have kept 'Burma' and 'Burmese', the terms most familiar to readers in the West. The same argument can be applied to our general preference for exonyms over autonyms. However, when it comes to near-untranslatable Buddhist concepts (such as *dukkha* and *metta*) and specific cultural references (for example, *yane* and *thanaka*), we have retained the originals. Burmese words are transliterated into English by conventional sound-to-sound correspondence or 'Burglish', often forgoing their tonal phonemics for the ease of the non-Burmese reader. A glossary can be found at the back of the book.

Gender representation is an ongoing issue for poetry in Burma. Burmese poetry (and Burmese society in general) continues to be male-dominated, even though there are encouraging signs of progress, particularly in the blogosphere. Ultimately we accept that a ratio of one to five in favour of men is an unfair balance for any anthology, yet this equation might be considered somewhat favourable in light of the apparent gender imbalance in Burmese literature today.

As translators, we have felt privileged to receive invaluable comments and feedback from many of the poets themselves, including Maung Pyiyt Min, Khin Aung Aye, Zeyar Lynn, Eaindra, Pandora and Maung Yu Py. Along with all the poets who appear in this anthology, our sincere gratitude goes to Vicky Bowman, Htein Lin, Ruth Padel, Maung Tha Noe, Christopher Merrill, Anna Allott, Justin Watkins, Niall McDevitt, Kyi Aye, Khet Mar, Sandeep Parmar, Kyaw Wunna, Moe Cho Thin, Moe Moe Hnin, Patricia Herbert, Yusef Komunyakaa, Deborah Landau, Timo Virtala, Ian Bourgeot, Kyaw Kyaw Latt, Gerhard Köberlin and Yee Yee Htun.

ko ko thett & James Byrne

What is 'Contemporary' in Twenty-first Century Myanmar / Burmese Poetry?

There are three main ways in which the term 'contemporary' is used and understood in the current Myanmar / Burmese poetry scene which reflect notable changes in the country's poetic landscape of the new century. Today, post-modern, language, conceptual, performance and online poetries mingle somewhat uneasily with *khitpor*, whose origin dates back to the Moe Wei movement of the early 1970s. *Khitpor*, originally avant-garde and regarded as 'modern poetry', has become mainstream as it ages, in the way literary movements often do. Teasing out the differences in the use of 'contemporary' may shed light on the current situation of Myanmar / Burmese poetry and the trends and tendencies of its emergent poetics.

The first interpretation of the term takes the neutral view of seeing diverse poetries as existing at the same time, 'of the time(s),' so to speak. It is neutral in the sense that while it accepts the different styles and modes of expression that have emerged, it overlooks the underlying oppositional and conflicting ideas about poetry, and the struggle for recognition that new poetries face. Its espousal of 'peaceful co-existence' of *khitpor* and non-*khitpor* poetries in general plays down the conflict the latter had to face in carving out a space in *khitpor* hegemony, a struggle which is still far from over. Since the turn of the millennium, numerous articles and interviews in which poets and critics have taken sides concerning the issue of the 'legitimacy' of *khitpor* over 'illegitimate' or 'anti-' poetry, especially language-oriented poetry, have appeared. After the new non-*khitpor* poetry was accepted, albeit grudgingly, voices calling for a view of all styles and modes of poetry as being equally valid and contemporaneous have emerged; hence, the broadest use of the term *'khitpyaing'* to signify contemporary Myanmar / Burmese poetry.

The second view of 'contemporary' is held by some *khitpor* poets who want to represent themselves as those who write 'of the time(s)' in both form and content, in order to distinguish themselves from non-*khitpor* poets whom they regard as 'stunt' writers and 'word-salad' makers rather than serious poets who engage with socio-political issues of the day. However, although remaining mainstream, they sense a threat to their thirty-or-so years of supremacy while recognizing the need to renew and revitalize their craft.

Some, especially the proponents of 'People's Poetry,' hold that the serious writing should be only in *khitpor* mode. To them the terms *khitpor* (modern) and *khitpyaing* (contemporary) are synonymous, and can be used interchangeably. What is important is the subject matter. This seems to be an echo of Dagon Taya, the grand old living legend of literature in Myanmar / Burma, who famously said: 'You may do away with rhyme, not with ideology.' The famous axiom was first heard during the 1970s, when *khitpor* poetry itself was a contested idea, a site of struggle between Marxist-Leninist poets and experimental 'modern' poets such as Phaw Way, Aung Cheimt, Maung Chaw Nwe, Thukhamein Hlaing, Myay Chit Thu, and Thitsar Ni.[1]

In 1968, Maung Tha Noe, an eminent linguist and literary scholar, published his influential book of translations of Western modernist and romantic poets, *Htinn Yuu Pin Yeik* (The Shade of the Pine Tree) which, some say, led poets like Aung Cheimt to discard the rigid 4-3-2 rhyme scheme and revolutionize Myanmar / Burmese poetry with the introduction of free verse or blank verse. In the same year, Mya Zin, another literary scholar, brought out his *Manifesto of Modern (Burmese) Poetry*. The term 'modern sensibility' was then added by another notable poet and scholar, Minn Hla Nyunt Kyuu. These three scholars, who were soon dubbed the 'Zin-Noe-Kyuu' gang by the leftist poets, were seen to have favoured experimental and innovative invigoration

---

[1] Thitsar Ni, a respected and well-known poet, critic and writer, published his collection of articles 'Clarification of Modern Poetry and the Evolution of Myanmar Poetry' in June 2007 in a bid to situate Modern Poetry (a term he consistently uses instead of *khitpor*) in the historical development of twentieth-century Myanmar Poetry. He deems himself the pioneer of postmodern poetry with his book *Arrow of Myinsaingthu*, first published in 1978 and again in 2006. In the foreword, he wrote that he had planted the seed of postmodernism in Myanmar literature as early as 1974. The poems included consisted of calligrammes and visual poems. Recently, he has also come up with a book startlingly titled *The End of Poetry*.

of the poetry at that time.[2]

It was Dagon Taya who intervened and brought about a reconciliation between the leftist and the experimental-conscious poets, and *khitpor* became the third poetry movement in modern Myanmar / Burma, after *khitsan* (the 'testing the times' of the 1930s) and Taya's own 'New Literature Movement' of the following decades. Even though I personally lament the loss of the experimental wing of *khitpor*, which seemed to have obeyed Taya's stress for ideology, it was no doubt the right call *vis-à-vis* the oppressive regime of General Ne Win and his military-backed Myanmar / Burmese Socialist Programme Party (1974-1988). To the old guard of People's Poetry, 'contemporary' implies a veiled anti-government sentiment, and the term would have remained ideological had not the Soviet bloc collapsed, the Cold War ended, the Berlin Wall come down, the Tiananmen massacre occurred, and Myanmar / Burma's 1988 pro-democracy movement been brutally crushed.

The third use of the term 'contemporary' may indeed be truly 'contemporary' in the sense of 'most recent', having appeared around 2003. A sense of divorce between *khitpor* on the one hand and the twentieth century on the other is explicit here, and undoubtedly, Zaw Zaw Aung, the leading proponent of post-modernism, helped to bring forth a wind of change by introducing the major tenets of post-structuralism / post-modernism. For the first time the younger generation, who knew only a few Marxist

---

[2] 'Fed up with all [these] clichés and hackneyed phrases of Socialist Realism, a search for new poetry began in earnest in the late 1960s. The veteran poet of Khitsan [*khit san*] fame, Min Thuwun, ran a weekly poetry workshop at his home in the university campus. Mya Zin, a translator who usually renders Burmese poetry into English, and Maung Maung Nyunt a.k.a. Nyunt Kyu [Min Hla Nyunt Kyuu], a poet and a language scholar, wrote articles on modern poetry. I myself published an anthology of translated verse (English, European, and American, Romantic, as well as modernist), the first of its kind in the country. One anthology followed another. A great hullabaloo ensued – those who opposed anything modern and were self-appointed custodians of old values railing against those who advocated modernity. Against all such odds modern Burmese poetry was embarked on a new course.' – 'Modern Burmese Poetry', an article by Maung Tha Noe in *Moe Ma Kha*, October 2008. *moemakha.org*.

luminaries, could read Lyotard, Foucault, Barthes, Derrida and other continental philosophers. In poetry, the Russian Futurist Mayakovsky, the Chilean poet Neruda, and the East European trio of Popa, Herbert, and Holub, were previous models before the appearance of post-Soviet poets Prigov, Rubinstein and Dragomoshchenko, the New York school of Ashbery and O'Hara, the L=A=N=G=U=A=G=E poets Bernstein, Perelman, Silliman, Andrews and Hejinian the Conceptualist Goldsmith, the 'Post-Language' poets, the Flarfists, and the Nobel Laureates Milosz and Szymborska, among others. Access to the internet was definitely a major cause for international poetry to enter the Myanmar / Burmese poetry scene, which previously had been cut off from the world at large and the UNESCO World Poetry Day became an annual event in the country.

What most distinguishes these 'contemporary' poetries, according to this third use of the term, is the freedom to experiment with diverse poetic styles, modes, and even across genres. In a word, 'contemporary' poetry is non-*khitpor*. It is not 'lyric' poetry. It is not the poetry of self-expression. In the backdrop of an excessive, emotionally-drenched mainstream poetry, it has turned somewhat cerebral, a poetry of ideas rather than an expression of feelings. Non-*khitpor* is new in the Myanmar / Burmese context. It has all been the direct result of 'the turn to language' – contemporary literary theory having played a vital part in its inception. Collages of found language, extensive use of disjunctive and polyvocal strategies, catalogue or 'list' poems, prose poems, and 'hybrid' poems abound. This is what I would call 'Contemporary', with a capital C, the new opportunity and practice of freedom of forms, the Myanmar / Burmese poetic spring. Moe Way, among others, and the pemskool[3] online poets are 'Contemporary' in this sense.

The turn to experimentalism and innovation in form by the loosely-linked, non-movement, non-school, non-group 'Contemporary' poets, however, does not in any way mean that they do not

---

[3] 'pemskool' is the name of a group of 5 'emergent /anti-mainstream / Flarf-oriented' poets in their early 20s who started out as online poets (i.e. not 'print' poets) but who have now had two collections of poems published .

engage with social and political issues. Far from being apolitical, their poems in their very formation oppose the lyric, voice-centred, epiphanic-closure modes of the mainstream. This opposition to the mainstream (or dominant) is itself political in the Myanmar / Burmese cultural context. Subversive sentiments seep through the lines, flicker in polysemic juxtapositions, and disappear into some safe areas of permitted space in the poem. The indeterminacy of such poems may be anathema to *khitpor*, but these poems drive poets and readers alike to make their own meanings within the given poetic context. The drawback is that most of these poems cannot be rendered into English (or any other language) without doing damage to the aesthetic, the construction of free-ranging meanings, and the potential for different ways of readings.

As such, the value-free use of the term 'contemporary,' *khitpor*'s refashioning itself as contemporary and non-*khitpor* as Contemporary poetry reflect the truly contemporary gush of freedom for post-avant experimentalism currently seen in Myanmar / Burmese poetry today. Where is all this leading us? What are the clearly observable trends? One is the oppositional tactics being used by *khitpor* against non-*khitpor* poetries in an attempt to reclaim itself. The usual binary oppositions are evident: authentic versus inauthentic, original versus imitation, lived experience versus theory-based, mastery of language versus uncontrolled language play, poetic language versus unpoetic language, coherent versus incoherent, structured versus chaotic, emotion versus intellect, domestic / homegrown versus foreign / imported, organic versus gimmick, accessible versus difficult; the list goes on. However, some established *khitpor* poets, most prominently, Maung Pyiyt Min and Khin Aung Aye, have incorporated Contemporary techniques into their recent works, creating interesting hybrids. Khin Aung Aye's most recent book of poetry titled *54 lines dictated by a pure mind* (2011) is a distinct departure from the his earlier *khitpor* mode.

Another trend is moving away from the perpetually controversial concept of 'poetry' towards 'writing'. Since the poems of younger poets are dismissed as non-poetry, some of them are labelling their work 'writings'. One such poet, a younger poet in his late 20s , Lunn Sett Noe Myat, called his latest book of poems *Written Lines and Composed Sentences* rather than poetry, deliberately to demarcate his 'writings' from mainstream poems. One of his poems / writings, 'These are Writings', ends with: 'These are / not (poetic) compositions any more (these are) writings such enjoyable feeling such sensation.'[4] In a way, this move signals a turn from expression to construction, from transparent language to expressive lyricism; to becoming more aware of the mediating and constituting role of language and exploring ways of constructing poems that also 'bare the device'.

A related effect of the *Khitpor*-Contemporary conflict is that some *khitpor* poets are deliberately making their poems more accessible to general readership as a reaction against 'difficult,' 'experimental,' 'theory-based,' 'intellectual,' 'elitist' poems. Ironically, the two chief *khitpor* poets 'simplifying' their poems are Aung Cheimt and Thukhamein Hlaing. An example is Aung Cheimt's 'Hamburger Eater', published in *ICON* magazine in September 2010:

HAMBURGER EATER

So, you are a hamburger, aren't you?
So, you are a hamburger, aren't you?
So, you are a hamburger, aren't you?
So, you are a hamburger, aren't you?

If such a poem had been written by anyone of lesser stature, it would surely not be considered poetry at all. But, Aung Cheimt is Aung Cheimt, and if Aung Cheimt wrote it, it must be poetry. Full-stop. It just means that non-*khitpor*, contemporary poetries will have to try harder to be accepted as poetry, as 'new' poetry, as 'poetry of the time'.

Zeyar Lynn

---

[4] At Lunn Sett Noe Myatt's book launch, a veteran leftist poet and editor, Maung Sein Ni, called on Lunn Set to carry on the fine tradition of 'reflecting' the times in his poems, while I addressed the hope that he, and the poets of his generation, would carry on 'experimenting' in poetry and write of the twenty-first century. Thus, the lines between *khitpor* and contemporary poetry were drawn publicly.

TIN MOE

PHOTO: KYAW WUNNA

TIN MOE (1933-2007) was born in the village of Kan-
mye, some eighty miles south-west of Mandalay. At 26,
he published his first collection of poems, *Hpan-mi-ein*
(The Glass Lantern), which won a national award. He
moved to Rangoon in 1967, where he worked in the
translation and publication department of Rangoon
University for twenty years. After the pro-democracy
uprising in 1988, Tin Moe became an 'Intellectual Com-
mittee' member of the National League for Democracy,
writing poems (such as 'The Years We Didn't See the
Dawn') expressing his disillusionment with the military
government's socialist dictatorship, as a result of which
he was held without charge for six months, then con-
fined for four years in Insein prison. In 1999, he escaped
Burma and took political asylum in the United States.

In 2002, Tin Moe won a Hellman and Hammett
grant and in 2004 the Prince Claus Award for Litera-
ture in the Netherlands. Author of twenty-five books,
eighteen of them poetry collections, he died in Los
Angeles in 2007.

မိုးမသောက်တဲ့နှစ်များ

၊ ၁ ၊

မနိုးတဝက်၊ နိုးတဝက်နဲ့
အိပ်မက် မက်နေတဲ့ကာလ။

လျှောက်ချင်လှပေမဲ့
ဘယ်လမ်းကလျှောက်ရမှန်းမသိ။

မသိတဝက်၊ သိတဝက်နဲ့
နေ့ရက်တွေပါး
ဗိုက်ခေါက်သား၊ ဂုတ်သားတွေတက်
အသက်အရွယ်သာကြီးလာရော
ဘယ်ခရီးမှမပေါက်ရတဲ့ကာလ။

ကာလဆိုတဲ့ယူဇနာ
ဘူတာစဉ် ရထားဖြတ်သလို
အမှတ်မဲ့ ဖြတ်နေခဲ့ပြီ။

၊ ၂ ၊

ကမ်းခြေတလျှောက်
ပန်းအကြွေတွေ ကောက်ရင်း
စမ်းရေသောက်ရတာလည်း မရှိမဟုတ်။
ဒါပေမဲ့
မရှိတစ်ဘဝ ရှိခဏမျှသာ...။

ကျေးတောကငါ
ငေးမောပြီးမြို့တက်လာ
တို့ရက်တွေဟာ
ရာဇာမဟုတ်တော့။

ဇာတာအစုတ်နဲ့
ဝါစာကမာလုပ်ပြီး
ဇရာတောအုပ်ထဲ ဝင်ရပြီ။

from **THE YEARS WE DIDN'T SEE THE DAWN**

1.

Half asleep, half-awake,
A time of dreaming dreams,

I wanted to walk
But did not know which way to take.

Half unknowing,
My days are running out
My paunch thickens and my neck folds sag
As I grow older.
A time of getting nowhere.

I have passed through all this
Unheeding, as in a train
One passes stations by.

2.

Along the shore,
Gathering up fallen blossoms,
Drinking water from the spring, this joy I had;
But having is but for a moment
Not having is for a lifetime –

So from the countryside I came,
Gazing in wonder at the town.
But these days of ours are no longer auspicious.

Our horoscopes are poor,
Always bluffing our way through,
We have entered the jungle of old age.

မဖြောင့်မတန်း
အမှောင့်လမ်းတွေကလည်း
ဖြောင့်တန်းလန်း
ဆူးတန်းလန်းတွေနဲ့
ဖြတ်သန်းသူတွေ

ဒုက္ခပင်လယ် ဝေခဲ့ပြီ။
ဘဝအိပ်မက် လျှပ်တပြက်
နတ်သက် မဟုတ်ပါဘူးကွယ်။

၊ ၃ ၊

ငယ်ငယ်တုန်းက လီနင်နဲ့တွေ့တယ်
ကြီးလာတော့ လင်ကွန်းနဲ့တွေ့ချင်တယ်။
ချောက်ကမ္ဘားမှာ
ကြောက်အားပိုစရာ
အမှောင်ရိပ်ကြီးဟာ
ဒယီးဒယိုင်ထိုးကျနေတယ်။

မင်းလည်းအမှောင်ထဲ
ငါလည်းအမှောင်ထဲမှာ
ယောင်ဆွဲသူဆွဲ
ချော်လဲသူလဲ
ပက်လက်လန်သူလန်
ရက်စက်ထန်သူထန်
အမှန်တွေအမှား ဖြစ်လို့ဖြစ်
အချို့တွေအခါး ဖြစ်လို့ဖြစ်နဲ့
စနစ်မည်မမျှ ခေတ်ဂီတတွေ
တီးမှုတ်နေရတယ်။

ဘဝသံစဉ်မညီ
အလှဟန်သွင် မပီတော့လို့
ဟာမိုနီတွေ ပျက်ကုန်ရပြီလေ။

၊ ၄ ၊

တို့ဘဝတွေဟာ
လိမ်ညာထားတဲ့
အစီရင်ခံစာတွေဖြစ်တယ်။

Twisting, crooked
Are the dark trails,
Littered with harsh thorns,
Overwhelming
Those who pass with
Misfortune and suffering.

For us, life's dream is a mere flash,
Not like the eternal life of the gods.

3.

As a young man
I met with Lenin
But growing older,
I would like to meet with Lincoln.
On the brink of the chasm,
The terrifying shadow loomed.

And darkness fell on you,
And darkness fell on me.
Some grabbed each other by the hair,
Some slipped and fell.
Some fell helpless on their backs,
Others were cruel and without pity.
Right and wrong no longer mattered,
Sweet became bitter,
As we played the tune of the times,
With its false doctrines.

The rhythm of life could not be heard,
The beauty of life was marred,
And harmony decomposed.

4.

The way we live now,
Submitting reports
Loaded with lies.

"မုန်ပွဲဘုရား" အသံသွင်းထားတဲ့
မုသာဝါဒ သတင်းကြိုးခွေဖြစ်တယ်။

ခေါက်ရိုးကျိုး တွန့်ကြေနံနေတဲ့
အပေါ်ယံ ပင်နီတိုက်ပုံဖြစ်တယ်။

ထားရာနေ စေရာသွားတဲ့
လူကြီးမင်းများရဲ့ ဓာတ်ဘူး ဖြစ်တယ်။

ကြည်နူးစရာ အသက်မရှိတဲ့
ပကတိ ရှိဘော့ထ်စက်ရုပ်
ခေါင်းညိတ်ရုပ်မျှသာဖြစ်တယ်။
ဒီ့ထက် ဘာကမှ မပိုခဲ့ပါ။

ဒီအခါမှာ
တို့ဟာ ကဗျာမဟုတ်။
တို့ဟာ လူမဟုတ်။
တို့ဟာ အသက်မဟုတ်။
တကယ့်စက္ကူစုတ်။

၊ ၅ ၊

တို့ဟာ ပညာကို မကိုးကွယ်
အာဏာကို ကိုးကွယ်တယ်။

အတတ်ကို မကိုးကွယ်
သေနတ်ကို ကိုးကွယ်တယ်။

အဂတိတရားလေးပါး
ဖယ်ရှားရမယ့်အချက်ကို
ငါတို့ပွေ့ ဖက်တယ်။

အရှက်ကို အရေခွာပြီး
တနေရာမှာ ချိတ်ထားလိုက်တယ်။

ဒီလိုနဲ့ ပိတောက်တွေလည်း
အသက်မပါဘဲ
အခါခါ ပွင့်ခဲ့ပြီ။

Recording 'yes, sir, certainly sir'
Onto tapes filled with misinformation.

Our smart 'party' jackets
Now all creased and musty.

We are treated like tea-flasks,
Put here, sent there at our bosses' bidding,

Robots,
Our lives without joy,
We merely
Nod our heads.

At this time,
We are not poetry,
We are not human,
This is not life,
This is just so much wastepaper.

    5.

We do not worship learning,
We worship power,

We do not put our faith in skills,
We put our faith in the gun.

We have embraced the four corruptions
Greed, hatred, ignorance and fear,
That should be shunned,

We have shed our shame
And hung it up out of sight.

And so the yellow padauk flowers
Have bloomed joylessly,
Time and again,

လမင်းလည်း
ခပ်ပျင်းပျင်းနဲ့
မလင်းချင် လင်းချင် လင်းခဲ့တာ
ညများစွာ ရှိခဲ့ပါပြီ . . .။

တို့အသက်များကို
မုသာဝါဒနဲ့လဲစားနေခဲ့တာ
ဇရာယွင်းဖောက်
မရဏာတွင်းတောင် ပေါက်ခဲ့ပြီမို့
မိုးမသောက်တဲ့နှစ်များလို့
ကမ္ပည်းထိုးရမလားမသိ။

ကမ္ဘာရနှစ်များ

ရှိုက်သံ
ဆံဖြူတစ်ချောင်း
နှစ်ဟောင်းဆယ်စု လွန်ခဲ့ပကော။

ဤနှစ်များ
ပျားတို့သည် မချို
မှိုတို့သည် မပေါက်
ယာတို့သည် ခြောက်ကုန်၏။

မြူတွေက ဆိုင်းဆိုင်း
မုန်တိုင်းက မှုန်မှုန်
ဖုံတွေက ထောင်းထောင်း
လှည်းလမ်းကြောင်းမှာ
ထနောင်း ကြောင်ခြစ်
ဆူးရစ်ပွင့်ခါ
မိုးမရွာသည်
ရွှာပါသော်လည်း မိုးမသည်း။

And many nights
Have there been
When the listless moon shone
With pale and feeble light.

We have bartered our lives for falsehood
And now we have reached old age,
At death's very door,
I wonder if these times
Should be put on record as
'The years we didn't see the dawn'?

Translated by Vicky Bowman

DESERT YEARS

Tears
a strand of grey hair
a decade gone

In those years
the honey wasn't sweet
mushrooms wouldn't sprout
farmlands were parched

The mist hung low
the skies were gloomy
Clouds of dust on the cart tracks
Acacia and creepers
and thorn-spiral blossoms
But it never rained
and when it did rain, it never poured

ရွာဦးကျောင်းတွင်
ခေါင်းလောင်းသံ မကြား
နားဝမှာ မချို့
ကိုရင်တွေ မရှိ
စာအံသံ နတ္တိ
ကပ္ပိယအို ခေါင်းတုံးတိုသာ
တိုင်ကြို့ တိုင်ကြား လဲလျက်။

မြေကြီးလည်း
မသီးဝုံဝုံ၊ အသီးဆွဲ့၍ရှုရက်ရဲ့.အားနာသောမျက်နာဖြင့်
ငါ့ကို ကြည့်လင့်၏။
ရှိက်သံပြောင်း၍
ခေါင်းလောင်း ဘယ်ခါချို့မည်နည်း။

သာမန်လူသားတစ်ဦးရဲ့ဆန္ဒ

အာဂတံ ပါဂတံ
တာလာန်တွေနဲ့
ဝါစာကမာဆန်ဆန် မြှုင်တောလယ်မှာ
လိုင်ဘောလယ်နေသူ မဟုတ်။

သူ့နေရာနဲ့ သူ့နေရာ
ပဟုသုတ ပဒေသာ ဖြိုင်ဖြိုင်သီးနေတဲ့
ဂနိုင်ကြီး မြိုင်ကြီးမှာ
ခိုမှီးနေထိုင်သူ ဖြစ်ပါတယ်။

ကျမ်းဂန်အသီးသီးက
လမ်းမှန်နည်းတွေကို
ရှာမှီး ဝေဖန်ရင်း
အနေကန် မရေမရာကို စွာ
ဧကန် အဖြေကို ရှာနေသူသာ ဖြစ်တယ်။

At the village front monastery
no bells rang
no music for the ear
no novice monks
no voices reading aloud
Only the old servant with a shaved head
sprawled among the posts

And the earth
like fruit too shy to emerge
without fruit
in shame and sorrow
glances at me
When will the tears change
and the bells ring sweet?

Translated by Maung Tha Noe & Christopher Merrill

from A STANDARD HUMAN WISH

The mumbo-jumbo
It's not for me, I don't beat
Around the proverbial bush
In the middle of a magniloquent forest.

The right man in the right place,
I am a recluse who lives
Deep in the jungle where
Trees of knowledge bear fruit.

I seek out and query the so-called
Righteous paths in each and every book
I scour for solutions that might turn
My uncertainties into certainties.

ဘဝရဲ့အတိမ်အနက်ကို
တစ်ခဏနဲ့ ချိန်စက်
အိပ်မက်လို ဝိုးတိုးဝါးတားနဲ့
ကိုးရို့ကားရားကို အဟုတ်မှတ်
ရုပ်ဓာတ် နာမ်ဓာတ် မကွဲမပြားနဲ့
အသည်းတယားယား ဖဲကစားသလို
အလွဲအမှားတွေကို လွန်ကျူးနေတဲ့
စာတစ်မူးတန်နဲ့
ချာတူးလန်လည်း မဟုတ်ပါချေ။

           * * *

ရေမှုတ်ထဲ မိကျောင်းပေါ်သလို
တစ်ကိုယ်တော် ကျော်ကြားမှု မလို
ကိုယ်က အစ၊ သူက အားလုံး
ရွှင်ပြီးချမ်းမြေ့ ပျော်တဲ့နေ့ ကို
မြင်တွေ့လိုစိတ်နဲ့
အတိတ်က အမှားတွေ့ကို ကျော်
ဒိဌတရားကို မျှော်ရင်း
ဘုရားပေါ် သို့ ပျော်ပျော်တက်
ဒိုးပတ်ဝိုင်းနဲ့ ပျော်တော်ဆက်ချင်ပါကြောင်း။   ။

ဗုဒ္ဓ နှင့်တွေ့ဆုံခြင်း

ဘာမဟုတ် ညာမဟုတ်နဲ့ ငါ
ဗုဒ္ဓဘုရားကိုတောင်မှ
ရေးဟောင်းပစ္စည်းတွေ အကြားမှာ
ရောင်းစားခံရ
စီးပွားရေးမျက်စိ စူးရှတဲ့
ဒီလိုဉ္ဌရောပမှာ
မင်းက ဘာလာလုပ်သလဲ တဲ့
ဗုဒ္ဓက မေးတော်မူတယ်။

I don't measure life's depth
Via a single moment, even in blurred
Dreams, I don't mix hogwash with reality
I don't wallow in the mire like you or go in
For poker thrills, I know mind from matter
I am no mediocre penpusher
With a *mu*'s worth of letters.

　　* * *

I don't want to be the crocodile in a ladle
I don't need personal fame, for me, for you,
I hope to see peaceful, serene and contented days,
To avoid the errors of the past, while I long for
The *dhamma*, I wish I could entertain you
With *doe-pup* on my way up to a *stupa*.

Translated by ko ko thett & James Byrne

MEETING WITH THE BUDDHA

Not for anything in particular –
even me the very Buddha
along with other antiques
they've put up for sale
here in Europe,
they have such a sharp eye for business –
what business brings you here?
asks the Buddha

ကိုယ်တော် မသိလို့နော်
ကိုယ်တော်သာ မြန်မာနိုင်ငံမှာ ရှိရင်
ပူဇေမိ အမျိုးမျိုးနဲ့
ရှိခိုးခံရမှာတော့ အမှန်ပါပဲ။

ဒါပေမဲ့
မမှန်တာတွေပြော၊ မမှန်တာတွေ ဟောနေရ
ကိုယ်တော်ကော ဗုဒ္ဓေါ်တ,မိပြီး
ပြေးကြချင်မှာ သေချာတယ်။
မမှန်တာတွေ ပြောတော့လည်း
သံသရာတကြောမှာ
အဖန်တစ်ရာ မောနေဦးမှာကိုး ဘုရား။

လက်နက်ကိုင်စစ်တပ်က
အရပ်ရပ်နေပြည်တော်
ကြားလို့မှ မလျော့အောင်
အော်ဒါတွေထုတ် မတော်တာတွေ လုပ်နေတော့
ဗုဒ္ဓကို ကြိုးတုပ်
အချုပ်ထဲသွင်းရင် မခက်ပါလား။

ဒီကောင်တွေက ညက်လည်း မရှိ
အမှန်လည်း မသိ
ကတိလည်း မတည်
အပလီ အမျိုးမျိုးနဲ့
ဝစီအိုးကလည်း ပုပ်စော်နံ
နိုင်ငံကိုလည်း မလေးစား
ကလေးကလား စိတ်ဓာတ်နဲ့
သိပ်ပြီး ညစ်ပတ်ကြပါတယ်။

စစ်တပ်ဆိုတာ ပြည်သူကိုအနိုင်ကျင့်ဖို့
မြှောက်ပင့်အားပေး
ဓားသွေး ခိုင်းထားတဲ့
အရိုင်းများရဲ့ ခိုလှုံရာ
ဗိုလ်တကာတို့ရဲ့ ဘုရင်ပါဘုရား။
ဗိုလ်နေဝင်း စစ်တပ်ဆိုတာ
ပစ်ခတ်ဖို့နဲ့ ညစ်ပတ်ဖို့ပဲ သိတာမဟုတ်လား။

You may not know it
but if you were in Burma
you would surely receive
all kinds of veneration,
but
telling only untruths and preaching only falsehoods
Your Holiness would exclaim 'Buddha!'
and long to flee
Telling untruths
you tire yourself out
on the rounds of births
A scandal to the whole world
the generals delivering all kinds of orders
engaging in all kinds of impropriety
what if they bind you hand and foot
and put you under lock and key?

These hare-brained guys
don't know the truth
they don't keep promises
all kinds of lies
come out of their foul mouths
they have no respect for the nation
with their childish mentality
they're too dirty

An army exists to oppress the people
who flatter them they ask them
to sharpen the swords
it's a haven for thugs
the king of the master gangsters
Bo Ne Win's army
only knows how to shoot and cheat

ပြည်သူတွေကတော့ တက်တက်မွဲ
ရဟန်းကောင်းတွေက ခွက်လက်ဆွဲ
ဒင်းတို့တတွေက သဘက်သရဲ
လက်နက်ကိုင်ပဲ အဓိက
လက်နက်ကိုင်ပဲ ပဓာန
လက်နက်စိုးမိုးတဲ့ စစ်ဝါဒပါ။

ကိုယ်တော့်အဖို့ကတော့
ဥရောပ စူပါမားကက်မှာ
ငြိမ်သက်စွာ စံပယ်တာကမှ
အန္တရာယ်ခပ်သိမ်း၊ ကင်းပျောက်ငြိမ်းပြီး
သိန်းသန်းမက တန်ဖိုးတက်
ဗုဒ္ဓ ဗုဒ္ဓ ဆိုပြီး
နှုတ်ဟလို့ အမွှောက်ခံရဦးမယ်။
စိတ်လက်မသာ ရှိတော်မမူပါနဲ့ ဘုရား။

မြန်မာစစ်ဗိုလ်တွေ လုပ်သမျှနဲ့တော့
ဗုဒ္ဓ ဗုဒ္ဓ အချုပ်က မတက်
ဒုက္ခဖက်ရရင်
မုချ မသက်မသာ ဖြစ်နေရမှာပါ။

တပည့်တော် ပေါ်မွှားက
တရားချတယ် မထင်ပါနဲ့
တိုင်းပြည်က ဒက္ခ ဒက္ခမအပေါင်း
အထောင်းခံရတာ များလွန်းလို့
ပြားပြားမှောက်နေရင်းက
တရားပေါက် ရခြင်းဖြစ်ပါတယ်။
ခွင့်လွှတ်တော်မူပါ
အရှင်ဘုရား။   ။

The people are paupers now
the monks are beggars now
the scoundrels are monsters
weapons matter most
weapons are paramount
weapons reign supreme – that's militarism

For you
to sit in peace
here in a European supermarket
is much safer
far from all the mishaps
fame growing a million-fold
and the name Buddha bandied about
don't feel uncomfortable

With all the crimes of the Burmese military
the Buddha will never leave prison
will always be in trouble
then you'll really be uncomfortable

Don't think such an ignoramus as me
was lecturing you
I've come to think like this
because so many lay disciples in my country
have been victimized –
excuse me, Venerable Sir!

Translated by Maung Tha Noe & Christopher Merrill

THITSAR NI

PHOTO: CRAIG RITCHIE
http://craigritchie.co.uk

THITSAR NI (b. 1946) was born in Rangoon. Since his 1965 poem 'The Time for Fetching Water' was published in *Shumawa* magazine in 1965, he has published more than thirty books, under several pen names and in different genres – from poems, short stories, literary criticism, science fiction, to religious and philosophical treatises and a dictionary of world politics. His 1978 chapbook, *Myinsaing Archery*, a watershed in contemporary Burmese poetry, was re-released in 2006. His best-known collections are *Walking Out of My Own Skin*, *Redundant Sentences* and *21st Album*, together with Aung Cheimt and Maung Chaw Nwe. His poem 'Redundant Sentences' won a contemporary poem of the year award in Burma in 2004.

Thitsar Ni is a Buddhist with no spouse, no bank account and no master. To him, a poem should be an anti-poem. In describing the significance of writing poetry, he states: 'I have always chosen poetry whenever there was chance for me to live a purposeful life'.

ပိုလျှံနေသော ဝါကျများ

၊ ၁ ၊

ငါးဟာ....
ရေကိုမသိသလို
လူတွေဟာ....
မသိတာကလွဲလို့
အားလုံးသိခဲ့ကြတယ်။

၊ ၂ ၊

ကြည့်ပါ
တခမ်းတနား နေထိုင်ဖို့
ဘုရားသခင်ကအစ
တစ်ခါသုံးဘောပင်အထိ
ကျွန်တော်တို့...
ဖန်ဆင်းခဲ့ကြ။
ဘာသာစကားကနေ
ဆင်ဖိနီဓာတ်ပြားအထိ
အင်တာနက်ကနေ
ထရိုဂျင်းနှစ် မြင်းရုပ်အထိ
ကျွန်တော်တို့
ဖန်ဆင်းခဲ့ကြ။
စည်သွပ်ဘူးကနေ
ဆိုကရေးတီး အဆိပ်ခွက်အထိ
အိတ်ချ်အိုင်ဗွီပိုးကနေ
အင်္ဂါ့ဂြိုဟ်သွားယာဉ်အထိ
ကျွန်တော်တို့
ဖန်ဆင်းခဲ့ကြ။
ပိရမစ်ကနေ
စက္ကူနဲ့လုပ်တဲ့ပန်းအထိ
ဆံပင်ဆိုးဆေးကနေ
အာကာရှင်စနစ်အထိ
လူကနေ...
လူပုံတူမျိုးပွားအထိ
ကျွန်တော်တို့
ဖန်ဆင်းခဲ့ကြ။

REDUNDANT SENTENCES

1.

Not unlike fish
Which do not know they live in the water
Humans
Know everything
Except ignorance.

2.

Look...
To be able to live grandly
We...
Have created.
From God to disposable pens
From language
To the symphonic record
From the internet
To the Trojan Horse
We have created.
From canned food
To Socrates' poison cup
From HIV
To the vehicle to Mars
We have created.
From the pyramids
To paper flowers
From hair dye
To authoritarianism
From human beings
To human clones
We have created.

၊ ၃ ၊

ကျွန်တော်တို့ဟာ
သစ်ပင်ပေါ် ကဆင်းပြီး
အချင်းချင်းလက်ဆွဲနှုတ်ဆက်
ဟဲလို၊ ဟိုင်း၊ ဟေး
ယဉ်ကျေးခဲ့ကြပါတယ်။
လေးနဲ့မြှားကို တင်တတ်အောင်
ကောက်တဲ့အခွန် ဆောင်တတ်အောင်
ထီးဖြူမိုးတတ်အောင်
ယဉ်ကျေးခဲ့ကြပါတယ်။
မိုးမျှော်တိုက်တွေကို ဂူလုပ်ဖို့
နေဝင်ရင် မီးဖွင့်တတ်အောင်
တိုက်ပုံအက်ျီ ဝတ်တတ်အောင်
ယဉ်ကျေးခဲ့ကြပါတယ်။
ဒါဝင်က သင်မပေးရအောင်
ရေချိုးခန်းနဲ့ ရေချိုးတတ်အောင်
ကဗျာရေးတတ်အောင်
ယဉ်ကျေးခဲ့ကြပါတယ်။
တံတားဆောက်တတ်အောင်
ဥပဒေပြုတတ်အောင်
ကွန်ဒုံးသုံးတတ်အောင်
ယဉ်ကျေးခဲ့ကြပါတယ်။
ဖဲကစားတတ်အောင်
ဘုရားဖူးသွားတတ်အောင်
ရျှူကလီးယား ပုံးလုပ်တတ်အောင်
ယဉ်ကျေးခဲ့ကြပါတယ်။
လပေါ် လမ်းလျှောက်တတ်အောင်
ကာကွယ်ဆေး ထိုးတတ်အောင်
ကိုယ့်အိမ်တံခါးကို လုံခြုံစွာ ပိတ်တတ်အောင်
ယဉ်ကျေးခဲ့ကြပါတယ်။

၊ ၄ ၊

ဒီလိုနဲ့...
ကျွန်တော်တို့
စားဖို့အတွက်
ပန်းကန်နဲ့ချက်ပြုတ်နည်းတစ်ထောင်နဲ့
သူများအသက်နဲ့။

3.

After climbing down trees
We shake hands
We say Hey, Hi, Hello
Civilized as we are.
We have learned to draw a bowstring with an arrow
We have learned to be taxed
We have learned to use a white umbrella
Civilized as we are.
To turn skyscrapers into tombs
To turn the lights on when the sun sets
To wear a *tikepon* jacket
Civilized as we are.
We have learned not to learn from Darwin
To take a shower in the bathroom
To versify
Civilized as we are.
To build bridges
To make laws
To use condoms
Civilized as we are.
To play cards
To visit pagodas
To make nuclear warheads
Civilized as we are.
To learn to walk on the moon
To be vaccinated
To shut our doors
Civilized as we are.

4.

So...
To our palate
The thousand cuisines on our plate and
The lives of others.
To our thirst

သောက်ဖို့အတွက်
အိုအေစစ်နဲ့ မိုးခါးရေနဲ့
ရေသန့်ဘူးစက်ရုံနဲ့။
နေဖို့အတွက်
လေအေးပေးစက်နဲ့
ပြက္ခဒိန်နဲ့
ရေလိုက်ငါးလိုက် အတွေးအခေါ်နဲ့။
ကြည့်ဖို့အတွက်
ရုပ်ရှင်ရုံနဲ့ပန်းချီပြတိုက်နဲ့
တတ်ယောင်ကား မျက်စိနဲ့။
နားထောင်ဖို့အတွက်
နီရိုးဘုရင်ရဲ့. ဂျပ်စောင်းသံနဲ့
ရှူရှိုက်ဖို့အတွက်
ရေဒီယိုနဲ့မာတ်ပြားနဲ့
နီရိုးဘုရင်ရဲ့. ဂျပ်စောင်းသံနဲ့
ရှူရှိုက်ဖို့အတွက်
ပင်လယ်လေနဲ့ ရက်ပလွန်ရေမွှေးနဲ့
မသူတော်ခုနစ်ပါး ကိုယ်နံ့နဲ့။
စီးပွားရှာဖို့အတွက်
မတော်လောဘနဲ့ ချိန်ခွင်နဲ့
မာကင်တိုင် ဝါဒနဲ့။
စစ်တိုက်ဖို့အတွက်
လက်နက်နဲ့ သေနတ်ဗျူဟာကျမ်းနဲ့
နိုင်လိုမင်းထက်ဝါဒနဲ့။
အပျင်းဖြေဖို့အတွက်
စီးကရက်နဲ့အလေလိုက်စရာနဲ့
အမဲပစ် ရိုင်ဖယ်နဲ့။
ငါမှန်ကြောင်းသူမှားကြောင်း
ပြောဖို့အတွက်
ပါးစပ်နဲ့ ကိုးကားစရာစာအုပ်နဲ့
မိုးတစ်လုံးလေတစ်လုံးဘဝင်နဲ့။
ဖျားနာဖို့အတွက်
အထူးကုဆေးခန်းနဲ့ရုပ်ခန္ဓာနဲ့
ကိုးဆယ့်ခြောက်ပါး ရောဂါနဲ့။
သေဆုံးဖို့အတွက်
သံသရာနဲ့သချႋုင်းနဲ့
(သေပြီးမှ)....
သတိရကြမယ့် လူတွေနဲ့။

Oasis and bitter rainwater and
Bottled water factories.
To our comfort
Air-conditioner
Calendar and
Anything-goes-ism.
To our sight
Cinemas and museums and
The charlatan's eyes.
To our ears
Radio and gramophone records and
The sound of Emperor Nero's lyre.
To our lungs
Sea breezes and Revlon perfume and
The odour of the seven vicious types.
To our corporatism
The scales of extortionist greed and
Mercantilism.
To our war
Weapons and a handbook of grand strategies and
Bullyism.
To our leisure
Cigarettes and frivolities and
Hunting rifles.
To our I-am-right-he-is-wrong
Mouth and oafish books and
Arrogance full of sky.
To our sicknesses
Specialist clinics and suffering bodies and
The ninety-six kinds of disease.
To our death
The *Samsara* and the graveyard and
Those who will remember us
(Only after our death)…

Translated by ko ko thett & James Byrne

အမည်မဲ့ - ၁

ဖြစ်ရပုံများ
အိမ်မက်ထဲမှာတောင် အဆင်မပြေ
အလကားရတဲ့ ဖိနပ်ကမတော်
ကောင်းကင်က ခေါင်းနဲ့မလွတ်။

ဖြစ်ရပုံများ
ကိုယ့်လက်ဖက်ရည်ခွက် အရောက်မှာမှ
ရုတ်တရက် မလှိုင်ကုန်သွားရ။

ဖြစ်ရပုံများ
ထီမပေါက်တဲ့အပြင်
ထီပေါက်စဉ်ကလည်း မှားသေး။

ဖြစ်ရပုံများ
လက်မှတ်ဝယ်ပြီးသား၊ ရထားက
တစ်စီးလုံး ပျောက်သွားတယ်တဲ့။

ကဲ ဘာလိုသေးလဲ
လက်ကပတ်ထားတဲ့နာရီမှာ
ဓာတ်ခဲကုန်ဖို့ပဲ လိုတော့တယ်။

လက်နဲ့လမ်းလျှောက်ခြင်း

ရွှေချထားတဲ့ ဘုရားဆိုတာ
လှူကြည်ညှိုစရာဖြစ်တယ်။
မြန်မာပြည်မှာ ခေတ်မီသူတိုင်းသာ
ကာရာအိုကေ ဆိုကြတယ်။
ပွဲစကဒ်လှလှ အပေါ်မှာသာ
ထာဝရခင်တယ်ဆိုတာ ရှိတယ်။

UNTITLED I

So it happens
Life gets bumpy even in my dreams
The gift shoes won't fit
The sky occludes my head.

So it happens
Without warning
Cream runs out
When I sit down for tea.

So it happens
Never mind winning the lottery
I buy the wrong ticket.

So it happens
The entire train goes missing
After I've paid the fare.

Now... what else
What's left, the battery of
My watch needs to go flat.

Translated by ko ko thett & James Byrne

HANDWALKING

A *stupa*, gilded, may
Evoke piety.
In Myanmar
Only modern folk go in for Karaoke.
'Yours faithfully' exists
Only on pretty postcards.

ယိမ်းသမများ၊ သိုးအုပ်များ၊
ရေလိုက်ငါးလိုက် ဝါဒ
အရေးပေါ် မီးရှူးမီးပန်း
တစ်ရာသီကျန်းမာရေး။
ခြေထောက်နဲ့လမ်းလျှောက်သူတွေ အကြား
လက်နဲ့လမ်းလျှောက်တာဟာ ဆန်းတယ်။

နာရေး

ခေါင်းလည်း ကျလို့ရ
ပန်းလည်း ကျလို့ရတဲ့
ဒင်္ဂါးပြားတစ်ခုလိုပေါ့လေ။
လူတွေ ...
အေးရာအေးကြောင်းရှာပုံက
လေငင်ရာယိမ်းလို့
တစ်ယောက်နဲ့တစ်ယောက် ထိပ်ပုတ်
ခေါင်းပုတ်လုပ်လို့
လူတွေ ...
အေးရာအေးကြောင်းရှာပုံက
ရာသီဥတုကို အပြစ်ပြောလို့
ဒုက္ခကို ယပ်ခတ်လို့
ဒီကွေ့မှာ ဒီတက်နဲ့လှော်လို့။
လူတွေ ...
အေးရာအေးကြောင်းရှာပုံက
နေကာမျက်မှန် ကိုယ်စီတပ်လို့
ကိန်းဂဏန်းတွေကို ဖိထိုးလို့
ပွဲတော်ရက်တွေကို မျှော်လို့။
မြက်ခင်းစိမ်းစိမ်းတွေ ဖုံးနေတဲ့ မြေပုံမို့မို့
မနက်ဖြန်ကို
အဲဒီမှာ မြေမြှုပ်ခဲ့တာပေ့။   ။

Yane dancers, herds of sheep
Fish-goes-where-water-flows-ism
Emergency firecrackers
Seasonable health.
It's strange to be handwalking
When people are on their feet.

Translated by ko ko thett

OBITUARY

Heads
Tails
Just like a coin.
People…
In search of comfort in conformity
Swinging with the wind
Tapping each others' heads
People…
Seeking comfort in conformity
Blaming the weather
Fanning the *dukkha*
Using this oar at this turning.
People…
Seeking comfort in conformity
Wearing sunglasses
Each and every one of them
Blowing bellows, cooking the numbers and digits
Looking forward to festive days.
The earthy mound of a grave, now covered in grass
Tomorrow
Has been buried right there.

Translated by ko ko thett

အမည်မဲ့ - ၃

ပြောသမျှသာ ကြားတတ်တဲ့
ပါးစပ်ထဲကနားကို
နားထဲက ပါးစပ်ဆီကို ပို့လိုက်တယ်။
အခုတော့ အဲ့ဒီပါးစပ်ဟာ
ဖွယ်တယ်တယ် ဝီကေတစ်ခုရဲ့
အခိုင်းအစေသာ ခံနေရတော့တယ်။
ခံစားရသလိုသာ ကြည့်မြင်တတ်တဲ့
နှလုံးသားထဲက မျက်စိကို
မျက်စိထဲက နှလုံးသားဆီ ပို့လိုက်တယ်။
အခုတော့ အဲ့ဒီနှလုံးသားဟာနေကာမျက်မှန်တစ်လက်ရဲ့
အတားအဆီးကို ခံနေရတော့တယ်။
လေ့ကျင့်ထားသလိုသာ လျှောက်တတ်တဲ့
ခေါင်းထဲက ခြေထောက်ကို
ခြေထောက်ထဲက ခေါင်းဆီ ပို့လိုက်တယ်။
အခုတော့
အဲ့ဒီခေါင်းဟာရှူးဖိနပ် ခပ်ကျပ်ကျပ်တစ်ရံရဲ့
ပိတ်လှောင်ခံနေရတော့တယ်။   ။

UNTITLED 3

I have sent away the ears in my mouth
To the mouth in my ears
For total hearing.
Now the mouth drivels,
Commanded by chewing gum.
I have sent away the eyes in my heart
To the heart in my eyes
So as to see exactly as they feel.
Now my heart is
Censored by a pair of sunglasses.
I have sent away the legs in my head
To the head in my legs
For taking well-rehearsed steps.
Now my head
Is trapped
In ill-fitting shoes.

Translated by ko ko thett & James Byrne

AUNG CHEIMT

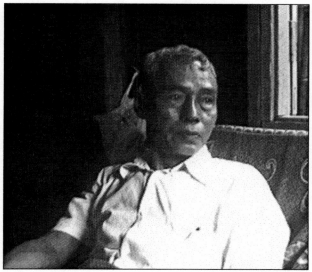

PHOTO: AUTHOR'S ARCHIVE

AUNG CHEIMT (b. 1948) was educated at four or five different schools as a child. In 1970, when his books of poems *To Victories on Mekong River Banks* and *Too Afraid to Receive a Letter Asking Me Out for a Date* were published, he became one of the guardians of 'Moewei Movement', named after the legendary *Moewei* magazine that promoted what was considered to be the avant-garde poetry of the time, at one stage even serving as 'volunteer editor'. After he had edited and published a few collections together with his friends from Rangoon Institute of Technology in the post-Moewei era, he did not write any new poems for a few years, only to re-emerge in the second Moewei era in the mid-1970s.

He has published at least a dozen collections, and two long poems, 'Hellenic Ma Ma' (1979) and 'Journey through Jungle' (2010). Aged sixty-four, and still a prolific writer, he somehow survives solely on the income from his poetry, publishing regularly in weekly journals in Rangoon.

အောင်ချိမ့်ရုပ်ရှင်ကြည့်ခြင်း

ပန်းပွင့်မှ အချစ်သီချင်းတစ်ပုဒ်
ကြားရတယ်။

အလိုမပြည့်ခြင်းဖြင့်
ဘဝကို ဖက်တွယ်ထားရဲ့သူများအား
သူ့ရဲ့ကောင်းဟု ခေါ် ဆိုပါဘိ။

စာအုပ်တစ်အုပ်မှ ကစားစရာတစ်ခု
ကောက်ရတယ်။

"ကမ္ဘာရဲ့ မြေကြီးအားလုံးမှာ
စားသောက်ပင်ချည်းစိုက်မလို့"တဲ့။

ဉယျာဉ်ထဲမှာ လူသေအလောင်းပေါ်
ပျော်ကျနေတယ်။
မြေပဲဆားလှော်တစ်ထုပ်ဝါးလို့။

ဒီဖိုင်းနဲ့ရုပ်အကျီ့ကို
ရှူးတိုးရှန့်တန့်ဝတ်ကြနဲ့။
"အဓိပ္ပယ်"တဲ့
သူ့ကိုယ်တိုင်ကမှ အဓိပ္ပယ်ရှိတာမဟုတ်တာ။

"လူ". . .တဲ့
ဆိုက်ကားပေါ် မှာပေ့ါ။
"လ"သွား ဒုံးပျိုထဲမှာပေ့ါ။
ဝင်းဆင့်ပန်ဂိုး၏ အလိုအရ
"ကျွဲနွားများရဲ့ ပုံတူရေးဆွဲရန်
တိရစ္ဆာန်ကဲ့သို့ နေထိုင်ရန်လို့အပ်ခဲ့၏"
သောက်ရေတစ်ခွက် သောက်ရခဲ့သည်။
ဘယ်လောက် ထိတ်လန့်ဖို့ကောင်းသလဲ
ဖြစ်ခဲ့ပြီ. . .တဲ့
ဖြစ်ခဲ့ပြီ. . .တဲ့
ဇန်နဝါရီ၊ ၅ ရက်၊ တနင်္လာနေ့
[ညီမလေးရယ်]
အမှုတစ်ရာတွေ့ခဲ့ပြီ။
သင်္ခါရလောကထဲ
မှာ အဲ့သလို

AUNG CHEIMT GOES TO THE CINEMA

I hear the ballad
Inside the flower.

Heroes are those who dare cling
To life's ennui
With dissatisfaction.

I've picked up a toy
From inside a book.

'Only edible crops should grow on arable lands
On the earth' they say.

In the garden
A corpse dissolves,
Still munching a pack of salted peanuts.

People wear designer shirts timidly.
'SENSE?'
But does he himself have any sense?

A human
On a trishaw.
A human
In a rocket to the moon.
'To paint bovine portraiture
It's necessary to live an animal life'
Van Gogh says.

I happened to drink
A cup of drinking water.
How horrifying
'This happened...'
'This happened...'
5th January, Monday
(Sweet child)

လူအဖြစ်ရဲ့ မာန်နတ်များ
ဖြတ်သွားခဲ့၊ ရပ်နားခဲ့
ငါ့သမာဓိအားကို ဖွဲ့နွဲ့တယ်။

ခေါင်မိုးက လရိပ်မှာ
ငါ့ဝိညာဉ်ဟာ မြင့်မြတ်နေရဲ့။
ခန္ဓာကိုယ်ဟာသာ
အလင်းမှုန်မှုန်. . .
ထောင့်ကွေးလေးတစ်ခုမှာ ထိုင်လို့ပေ့ါ။

သတိရခြင်းများမှတ်စု

မွေးဖွားစ အဲ့ဒီတုန်းက
တွေးထင်ကိုင်တွယ်ခဲ့သလိုပင်
ခပ်ဖွဲ့ဖွဲ့အပြာပါးပါး နင်းတွေဝေလို့ရယ်
ငါ့ အခုပြက်ရယ်ပြုပုံမျိုးနဲ့ ခြားနားလွန်းတယ်။

တစ်ခါစစ်ရှုံးရှ၍
နှစ်သုံးဆယ် သည်းခံတတ်ခဲ့ခြင်းအတတ်
မွေးကြ၂လိုသော ပန်းခင်းမှာ
တဆစ်ဆစ် ပျားများတုပ်သော ဒဏ်ရာ
ရောင်ကိုင်းစဉ်
မခင်တွယ်လိုတော့ခြင်း အဆိပ်ခွက်
ငါ့လက်မှာ တုန်ရီလျက်။

စုဆောင်းမိတဲ့ ဝါးကျည်တောက်နဲ့အပြည့်
ခေတ်၏ ကာလ၏. . .တဲ့
သူ့ရဲ့ရည်းစားစကားကြောင့် ပင်လယ်သွားမယ်။

လက်နှိပ်ဓာတ်မီး ပစ်ကွင်းထဲ
မည်းမည်းတစ်အုပ်ပြီးတစ်အုပ်

I've been through a hundred trials.
Just like that in the life of impermanence
Devils of human existence
Passed by and paused
Glorifying my integrity.

On a rooftop
Under the moon
My soul sits like an aristocrat
While my body rests
In a dimly-lit corner.

Translated by ko ko thett

FLASHBACK JOURNAL

Soon after birth,
As soon as I could think and touch,
The snow was light and ocean-blue
So different from how I scoff now.

Once I was defeated in war
I learned to be tolerant for thirty years.
In the garden where I wanted to kiss
I've been stung by bees
Bruised
In my unsteady hand
Aloofness in a poison cup.

I've filled up a bamboo penny bank
With eras and aeons
My romantic overtures drove them to the sea.

In the firing range of torchlight
Hordes and hordes of prey

ရှုရှုလှုပ်လို့ ပူဖောင်းတွေ။
နေ့အတူ၊ ညအတူ၊
အဖြူသုံးဖွဲ့ဝန်လေး။

အရေးကြီးတဲ့ အချိန်များကို ဖွန်းနဲ့ခပ်
ခင်ဗျား သိပ်ပြုတ်သားပါတယ်။

ရမ္မက်အလိုကြီးလွန်းလို့ပွေ့
ဒီလူမသေတော့တာ။

အားလုံးအပေါ် မကောင်းနိုင်သေးပါ
အကောင်းဆုံးလူ့နည်းနည်းကို ကောင်းခဲ့ရန် . . .
ရင်ကွဲနာကျ ခေါင်းဖွက်ထားဆဲ။

ပခြုပ်တွင်းမှ သီချင်းထွက်ပေါ်လာရာ
ငါ့ဦးခေါင်းအရေပြားတစ်ပြင်မှာ
မွေးဟောက်တွေ ရှုပ်ထွေးရှည်လျားလှပွေ့။

"ဘယ်နယ့်လဲ"
သူ့ရဲ့ကောင်းက မေးခွန်းထမ်းလို့။

"တစ်လမ်းသာရှိပါတယ်"
လူမိုက်မို့ ယည်ကျေးမှုရှုက်လို့။

တခါ . . .
အစွန်းထွက်စကားသံ
ကားသံနဲ့ ပေါက်တူးသံ
အဘိဓမ္မာများ ခြေတရွတ်ဆွဲ
ဟောပြောပွဲနေ့များ နီးကပ်လာပြန်ပါပြီ။

မြင်နေကျ ဆင်ခြင်တံ့တရားဟာ
ခါးလိုက် . . .ချိုလိုက်။

လူငယ်ဟာ လူငယ်နဲ့မတူတဲ့ အရသာဟာ
အဝိုင်းစက်စက်
လေးထောင့်ကွက်ကွက်။

မိန်းမရယ်
အပြစ်မရှိသော အိပ်ပျော်ခြင်းတစ်ခု

Swarm up like balloons.
Unfavourable white
Day or night, it doesn't matter.

Spooning up significant times
What a shrewd man you are,
Too lustful to die!

I can't be good to everybody
To be good to a select band of people
I've hidden my heart-broken head.

A song from a snake charmer's basket
Covers my scalp with
A long mess of coiled cobras.

'What's up?'
The hero shoulders the question.

'There's only one way.'
The fool head-carries his culture.

Once...
Extreme speeches
Traffic noises and the sound of hoes digging.
Now, ideologies drag their feet
Party conferences are here again.
The usual remorsefulness
Bitter... sweet
Sweet... bitter.

The taste of youth
That doesn't taste youthful
A perfect square
A perfect circle.

Darling,
I've simply asked you

ငါ့အတွက် ပြုစုပေးဖို့ပဲပြောတာပါ။

နာကျင်မှုများ သိပ်သည်းမှ
အကြောပြေလာသောသွေးများ
သေသပ်စွာ နှုတ်ခမ်းသုတ်တာ ကြုံဖူးတယ်။

ဟောဟို လူအရောက်နည်းတဲ့ တောင်ကုန်းနံဘေးမှာ
ရာဇဝင်ဆိုတာကို ပူဇော်ပါတယ်။

အိပ်မက်ကိုနွားနို့နဲ့
တပ်ဆင်ပြီးစ စက်တင်ဘာညနေမှာ
ဖျင်ကုလားထိုင်နဲ့ အရုပ်ကြိုးပြုတ်ထိုင်နေသူဟာ
ငါပေ့ါ။ ။

ပရွေးဖရောက်ရဲ့အချစ် သီချင်းကို မိုးရှို

ကျွန်တော် ပါးစပ်ဖျားတင် မွေ့နေတယ်
ဟိုလူရဲ့ နာမည်။
ထူထဲတဲ့ စကြဝဠာမှာ ခါးထောက်
သူဟာ အလုပ်များခဲ့တယ်
မဖြစ်နိုင်တဲ့ အလုပ်ကို
ကျွန်တော့်လို တစ်သက်လုံး လုပ်ခဲ့တယ်။
'ခါးထောက် မထားရင်
လက်ကိုဘယ်မှာ ထားရမလဲကွ' လို့ ...
ကျွန်တော့်ကို 'ဝွ'တိုက် ပြောတယ်။
သူကိုယ်တိုင်ပင်လျှင် အဲ့သလိုပဲ သဘောရပါတယ်
ဒါပေမဲ့ သူ အဲ့ဒါကိုပဲ ပြောချင်တယ်။
ကျွန်တော် ပါးစပ်ဖျားတင် မွေ့နေတယ်
ဟိုလူရဲ့ နာမည်။

သူအသက် ထက်ဝက်ကျော်လောက်မှာ
မိန်းမ ကောက်ယူတယ်။
ကောင်မလေးက သနားစရာပါ။

To compose for me an innocent sleep.

The blood that is soothed only in intense pain
Daubs its lips
This I have witnessed.

There, at an abandoned hill
I praised the so-called chronicles of kings.

One September evening,
Having sweetened my dreams with milk
I sit in a canvas chair,
a puppet with no string.

Translated by ko ko thett & James Byrne

AFTER PRUFROCK'S 'LOVE SONG'

It's on the tip of my tongue
that man's name.
In the dense universe, with arms akimbo,
he busied himself
engaged in mission impossible
his whole life, like me.
'If I don't have them akimbo,
where the hell am I to place my arms?'
he asks me in a sarcastic tone.
We are of the same opinion
But he says just this.
It's on the tip of my tongue
that man's name!

Half his age ago
he took a wife –
the girl's pitiable

ထမင်းစား ကျွန်ခံပဲ။
ကိုယ့်လူက ပါရမီရင့်သန်သူ မဟုတ်မှန်း သူ့ဘာသူ သိလျက်နဲ့
ပါရမီ ဖြည့်ဖက်လေး ဘာလေးနဲ့
ရှူးဆေး ကျွေးထားတယ်။
ကောင်မလေးက ယုံဟန် ရှိတယ်။
အဆင်တော့ ပြေနေတာပါပဲလေ။
ကောင်မလေးက သနားစရာပါ။
ကျွန်တော် ပါးစပ်ဖျားတင် မွေ့နေတယ်
ဟိုလူရဲ့ နာမည်။

ဒါနဲ့ သားသမီး နှစ်ယောက် ဖွားတော့
အမည်လှလှ အဘိဓမ္မာဆန်ဆန် မှည့်တယ်
အဲဒါတော့
သူ ကျေပွန်ပါတယ်။
လူ့ဘဝ ဆိုတာဟာ
နာစေး ချောင်းဆိုး ဖြစ်တတ်တယ်
ဗိုက်နာတတ်တယ်
ခေါင်းကိုက်တတ်တယ်
လူရယ်စရာ ဖြစ်တတ်တယ်
နေရင်း ထိုင်ရင်း ဆင်းရဲတတ်တယ်
အဲဒါလည်း သူ ပြည့်စုံပါတယ်။
ကျွန်တော် ပါးစပ်ဖျားတင် မွေ့နေတယ်
ဟိုလူရဲ့ နာမည်။

သူဟာ ကြယ်ပွင့် တစ်ပွင့် ဖြစ်ခဲ့တယ်
ကောင်းကင်မှာ ကြယ်တွေ ရေတွက် မကုန်နိုင်အောင် ရှိတယ် မဟုတ်လား။
ဘယ်လောက် အသုံးမကျတဲ့ကောင်ပဲ ဖြစ်ဖြစ်
ကြယ်ပွင့်တစ်ပွင့် ဖြစ်နိုင်တာပဲ။
သူဟာ ကြယ်ပွင့် တစ်ပွင့် ဖြစ်တယ်
ကျွန်တော် ပါးစပ်ဖျားတင် မွေ့နေတယ်
ဟိုလူရဲ့ နာမည်။

ခုတော့ နှစ်တွေ ကြာပေါ့
သူ ဘာ လုပ်ကိုင် စားသောက် အသက်ရှင် နေထိုင်တယ် မသိဘူး
သူ ရှိသေးတယ် ကြားတယ်။
ဒီလိုပဲ၊ ခလုတ်တိုက်ရင်း
လောကကို အဆိုးမြင်ရင်း
ကြောက်လာရင် ဘုရား တရားကို သတိရရင်း
နေမှာပေါ့။

a slave for dinner.
Knowing as she does the man's not gifted
as a life-partner and what not
she's given insanity pills.
She believes
they are getting on all right –
the girl's pitiable.
It's on the tip of my tongue
that man's name!

When two children came
they were given beautiful, metaphysical names.
In this respect
he was dutiful.
Human life
tends to be full of colds and coughs
stomach aches
headaches
you become a laughing-stock,
you face poverty in spite of yourself
(in this respect too he's qualified).
It's on the tip of my tongue
that man's name!

He's a star,
aren't there innumerable stars in the sky?
However useless a fellow is
he can be a star.
He's a star.
It's on the tip of my tongue
that man's name!

Now, years have passed
I wonder how he's surviving.
I hear he's alive.
Just the same, tripping over things
with a pessimistic view of the world,
perhaps remembering the Buddha and *dhamma*

ကျွန်တော် တွေ့ချင်ပါတယ်
ရှိရင် သူဟာ ကျွန်တော့် အသက်အရွယ်လောက်ပါပဲ။
သမ္မတ ကျော့ ဒ၀လျူ၊ ဘွတ်ရှ်နဲ့ ရွယ်တူပဲ
သူဟာ ထူးဆန်းစွာ
အသက်မွေး ၀မ်ကျောင်းပညာ တစ်စိမှ မတတ်ဘူး
ဘယ်လို ရေကူးလဲ မသိဘူး
ဒုက္ခပဲ။
ကျွန်တော် တွေ့ချင်ပါတယ်။
ကျွန်တော် ပါးစပ်ဖျားတင် မွေ့နေတယ်
ဟိုလူရဲ့ နာမည်။   ။

ဖတ်ရပါလိမ့်မယ်

နောက်တချိန်ကျရင်
ခက်ခဲမယ်၊ နက်နဲမယ်
အာမေဋ္ဌိတ်သုံးမယ်
မြည်သံစွဲသုံးမယ်။

လိုအပ်ရင်
ဘရိတ်သုံးမယ်။

ဟေ့ - ဘာလို့အရေးတကြီး
အရေးကြီးနေရတာတုန်းကွ။
ဥပမာ ဥပစာ အလင်္ကာများ
လာပါလိမ့်မယ်။

နေထွက်မယ်
ကားတွေပြေးမယ်။
အလုပ်၀င်မယ်
အလုပ်လုပ်မယ်။

အချိုရည်သောက်သလို ငွေသက်သာ၊ လူသက်သာ
အသက်ရှူဖို့သက်သာ၊ အဆင်ပြေပါလိမ့်မယ်။

when frightened.
I'd like to see him
if he lives. He's about my age
the same age as George W. Bush.
Strangely, he has not an iota of skill to make a living.
I don't know how he floats,
it's a pity.
I'd like to see him.
It's on the tip of my tongue
that man's name!

Translated by Maung Tha Noe

YOU WILL READ

In the future
things will be enigmatic and profound,
exclamations will be used
onomatopoeia will be used

if need be
brakes will be used

why so urgently
urgent?

similes, figures of speech
will arrive

the sun will rise
buses will run
people will go to work
they go about their work
like drinking a soft drink, less costly, less labour
easy to breathe, everything will be alright

ရေမိုးသန့်စင်ပြီး စံပယ်ပန်းကလေး
စံပယ်ပန်းကလေး ရှိပါတယ်။

ဒေါက်ဖိနပ်၊ ဂေါက်ဂေါက်ဖိနပ်၊ ဖိနပ်များ
ဖိနပ်များ ဖိနပ်များ
ဖိနပ်များ ဖိနပ်များ
ဖတ်ရပါလိမ့်မယ်။

သောင်းဂဏန်းများများ များနဲ့
ရာဂဏန်းနည်းနည်း များနဲ့
ဆတ္တူ၊ ဘဝတ္တူ
ဖတ်ရပါလိမ့်မယ်။

ငါတို့ဟာ ဖတ်တယ်၊ မှတ်တယ်၊ လေ့လာတယ်
ရေးတယ်။
ငါတို့ဟာ ရေးတယ်၊ လေ့လာတယ်၊ မှတ်တယ်
ဖတ်တယ်။
ငါတို့ဟာ ဖတ်တယ်၊ မှတ်တယ်၊ လေ့လာတယ်
ရေးတယ်။ ။

a jasmine who's just showered
there is a jasmine

high heels, hard heels, flip-flops
flip-flops, flip-flops,
flip-flops, flip-flops,
you will read

tens of thousands, lots of them
a few hundreds
same proportion, same life
you will read

We read, take notes, study,
we write.
We write, study, take notes,
we read.
We read, take notes, study,
we write.

Translated by ko ko thett & Maung Tha Noe

MA EI

PHOTO: CRAIG RITCHIE
http://craigritchie.co.uk

Ma Ei (b. 1948) is from Burma delta and made her debut with the 1977 poem 'Chance for a Snap Smile.' By 1982, fourteen poems and two short stories were published in *Moewei* and *Shumawa* magazines. The same year, she joined the Communist Party of Burma 'in order to serve the people in the armed resistance with her pen'. She was a propagandist, a tax collector, a schoolteacher and a war reporter for the party. In 1989 she parted with the communists to work for Kachin Special Region 1 (a cease-fire zone) in the northernmost part of the country, returning to Rangoon in 1995 as one of the prisoners handed over to the government under the cease-fire agreement.

She has many poems ('A Letter for Lovers and Haters' won the Htanyakenyo Award in 2009), short stories, articles and a novel, and was an editor for *The New Age* magazine and *The Torch* journal. Having been reincarnated as a rebel, a widow, a divorcee and a poet laureate, Ma Ei believes she has earned more materials than she can possibly use in her lifetime.

ချစ်သူ မုန်းသူ ဖတ်ဖို့စာ

ရသေ့ရှစ်သောင်းဇာတ်မှာ မလိုက်နိုင်
ဟင်္သ် ကိုးသောင်းဇာတ်ထဲလည်း မပါချင်
လမ်းဟောင်းကို ပြန်လျှောက်တဲ့အခါတိုင်း
လွမ်းလောက်စရာ တွေ့ရှိုးလား။

တခါက . . .
တခါက . . .
တခါက . . .
ပြန် . . . ပြန် တ, သ နေရတာ ပျင်းလွန်းလို့။

အဖေနဲ့ အမေကို အှဲ့ဩ
ရန်မဖြစ် . . . ဘာမဖြစ် . . .
ချစ်လိုက်ကြ နှစ်ပေါင်း (၆၀) ကျော်။

အမေမွေးတဲ့ သမီးပေမဲ့
တချို့, မျက်နှာကြီးတွေ ခဏခဏမကြည့်ချင်
ကိုယ့်မျက်နှာလည်း ခဏခဏမပြချင်
ကိုယ်ဖော်တဲ့ဆေး ကိုယ်စားရင်း . . . စားရင်း . . .
'ကဗျာမ ဘွဲ့' ချဉ်ခြင်းတပ်
မေတ္တာဓာတ် တင်တစ်လှည့် ပြုတ်တစ်လှည့် . . .
ခုထိ ဘာမှ မတတ်နိုင်တဲ့ ဘဝ။

ကိုယ့်မာနနဲ့ ကိုယ်နေခွင့်ရဖို့အရေး
တံတွေးကွက်ကို 'ကြားကား' လို့ သဘောထားမယ်
အေးဆေးပဲဆရာ . . . ဆိုင်ကွေ့ထိတောက်လျှောက်ဆွဲ
အရေးထဲမှာ အရာထဲမှာ
ခင်ပွန်းကြီး (၁၀)ပါး, စာရင်းဝင်ချင်သူက တစ်မျိုး
အငြိုးအတေးတွေ ရှိပုံရ
နောက်ကျော ဓားနဲ့ထိုးမှ မဟုတ်အရိုးထွင် ဒုတ်ဒုတ်ထိ
အပွေးမြင် အပင်သိပဲ။

အမိကဇာတ်ကောင် ဘယ်တော့မှ မဖြစ်ဘူး
လွမ်းခန်းကို ပိုင်နိုင်သူမဟုတ်လို့လေ
လိုင်ပေါလယ်အောင် ပြောလိုက် . . . ရယ်လိုက်
အမှိုက်တိုက် မုန်းတယ် . . .
ဟန်ဆောင်ပန်ဆောင် မျက်ရည် ရှားတယ် . . .

A LETTER FOR LOVERS AND HATERS

I don't want to join the troupe of *The Eighty Thousand Hermits*
I don't wish to audition for *The Ninety Thousand Sheldrakes*
Is there anything worth the price of nostalgia
For every time I walk the beaten path?

Once...
Once...
Once...
It tires me to pine...
To pine for the past.

How extraordinary mother and father are!
Not a single fight,
Pacified by love for over sixty years.

I may be my mother's daughter, but
I don't always want to meet Lord and Lady Muck's,
I don't always want to keep up appearances,
I swallow a self-concocted medicine
On the famine road of *metta*.
I only have a single yen as a poet,
Life hasn't afforded me anything yet.

For my right to live proudly single,
I can conjure a spit-stain into an illicit bus
'Take it easy, sir... drop me off at the corner shop'.
In times of urgency and emergency
Obnoxious is the bloke who wants to appear
On the list of '10 Wholesome Friends'.
It seems there are personal grudges
Not only backstabbings,
Taking out the bones reveals character,
The bark tells you the type of tree.

I'll never play a leading role,
I'm no good at acting the drama queen

ရင်တွင်းစကား အပြင်ထုတ်ထားချင်တယ် . . .
ဒါတွေပဲလား . . . အပြစ်။

ကဲတယ် . . .
ရဲလည်း ရဲသတဲ့ . . .
ဇတ်တူမမတို့ အပြောပဲလေ။
နွဲ့တယ် . . .
မနိုင်ဝန်တွေထမ်းတတ်ပြန်သတဲ့ . . .
ဇတ်မတူကိုကိုတို့ အပြောပဲလေ။

လုပ်ချင်ရာ ရွေးလုပ်နိုင်သေးတဲ့ဘဝမှာ
ဒက်ရာပရပွ ဖြစ်နေတာတောင်
မနာလို ဝန်တို့ကြုလိမ့် အသေအချာ
ဘယ်နှစ်ခါများ သေရမှာမို့တုန်း
အဖွားကြီးအို ခါးမကုန်းခင်
တရားစခန်း ဝင် . . . မဝင် . . .
ဆင်ဆင်ခြင်ခြင် နေ . . . မနေ . . .
တွေ့တဲ့လူနဲ့ 'တည့်အောင်ပေါင်း' . . . မပေါင်း
အလောင်းလုဖို့ . . . မလုဖို့ထက်
အင်တာနက် . . . ဝက်ဘ်ဆိုက်ပေါ်
ကဗျာသိုက် ရွှေ့ဖို့
သေမင်းနဲ့ အချိန်အချက်
လက်တွေ့ . . . အသက်မွေ . . .
တန်အောင် နေသွားရဖို့ စစ်ခင်း
ဟောသည် ညစ်ပတ်ပေစုတ် လောကတလင်းမှာ
ဒုက္ခတွေထယ်ထိုး ပျိုးချ
ရိုးမြေကျ ဆိုပါတော့။ ။

No good at soliloquies or loose-lipped laughter
No good at hating and hatred
Crocodile tears are rare for me
I've always been indiscreet,
Are all these things *my* faults?

She is wanton… she is bold…
So say the sisters of the same fold.
So say the brothers of a different fold.

She beguiles…
She carries burdens heavier than herself…
So say the brothers of a different fold.

In this life I can do what I want,
Everyone will remain jealous
Even shrouded in my wounds
How many times one has to die.
Before I'm an old lady with a crooked spine
I might go to a meditation centre… I might not…
I might behave… I might not…
I might 'get on' with whoever I meet… I might not
My corpse might look pretty… it might not
I might move the trove of my poems into cyberspace
Or make an appointment with the grim reaper…
In practice
I forget my age,
I wage wars for a world that is worth living in
I harrow this soiled and sodden field of life
I sow the seeds of *dukkha*
Until my bones fall apart.

Translated by ko ko thett & James Byrne

ကပ် . . . ကဗျာ . . .

မောင်ချောနွယ်ကို မထိနဲ့ . . .
အောင်ချိမ့်ကို မထိနဲ့ . . .
သုခမိန်လှိုင်ကို မထိနဲ့ . . .
မောင်သီးသန့်ကို မထိနဲ့ . . .
ဇေယျာလင်းကို မထိနဲ့ . . .
စိုင်းဝင်းမြင့်ကို မထိနဲ့ . . .
စောဝေကို မထိနဲ့ . . .
မနော်ဟရီကို မထိနဲ့ . . .
အိန္ဒြာကို မထိနဲ့ . . .
သက်ရှိထင်ရှားရှိနေသေးသူတွေ မှန်း လွှမ်း
ကိုယ့်ဇောနဲ့ကိုယ် အသေအလဲ ကူးခတ်ဖြတ်သန်းနေကြရပုံ
ကမ်းနစ်ဘက်ကြား ခေါင်းနဲ့ခြေလက်မအားရှာ
တခါတလေ ကဗျာဓာတ်ကဗျာငွေ့ ကိုယ်ဖော့ အသက်ရှူ
သူတစ်လူ ငါတစ်မင်း စပျစ်သီးချဉ်ခြင်း မတပ်အားပေါင်ရှင်
အများယောင်လို့ ယောင်ရ အမောင် တောင်မြောက်မှန်း မသိ
သည်အမိက သေနေ့စေ့ချိန် တွေးမကြည့် မှားလေသလား
ငါ့သားတို့ရေ နေစရာအိမ်တော့ ရှိရလိမ့်ဦးမကွဲ့
လျှာကို အလိုမလိုက်ဘဲ နေကောင်းနေနိုင်
အစာအိမ်ကို မေ့ထားလို့တော့ မဖြစ်ရေးချ မဖြစ်
ကဗျာမရေးနိုင်တဲ့အခါများဆို စိတ်အညစ်ရဆုံးပေ့ါ
နို့ဖြတ်ပစ်ခဲ့ပြီးပြီ ဟိုအငယ်နှစ်ကောင်
ဘယ်သောင် ဘယ်ကမ်း ဆိုက် ဆိုက်
ဆင်ပြောင်ကြီးနဲ့ လမ်းခွဲ အမေ
ချင့်ချိန်တွက်ဆနေရင်လည်း ဘာရာဇဝင်မှ ရေးဖြစ်မှာ မဟုတ်
မလုပ် . . . မရှုပ် . . . မပြုတ် . . . အမေ့သမိုင်း မတင်
ရှိုင်းလေလေ . . . စိုင်းလေလေ . . . လှိုင်းတွေဆွဲဖျက်
ဦးတည်ချက် ဘာလဲ . . . ဘယ်လဲ . . .
ဘယ်သူ့အတွက် လုပ်နေကြတာလဲ . . . ဆိုတော့
ကိုယ့်ကိုကိုယ်မှ ဖော်စပ်တဲ့ တရားခပ်များများ
ခေါ်ပြော နှုတ်ဆက် ဝန်လေးလာကြ
ဝိုင်းဖွဲ့ အထိုင် ဖင်လေးလာကြ
ဝေလေလေတွေရဲ့ ချဉ်ဖတ်မ

A CATASTROPHIC RUNE

Don't you dare touch Maung Chaw Nwe
Don't you dare touch Aung Cheimt
Don't you dare touch Thukamaing Hlaing
Don't you dare touch Maung Thee Thant
Don't you dare touch Zeyar Lynn
Don't you dare touch Sai Win Myint
Don't you dare touch Saw Wai
Don't you dare touch Manorhary
Don't you dare touch Eaindra
I picture and miss those who are still alive
The way they crawl in their obsessions
Between two banks, with their heads
And hands always possessed, sometimes
They float on the surface to take fresh poetic breaths
Rule in your own kingdoms, I do not crave
Your grapes, I go with the flow, I don't know
My co-ordinates, I am the mother who doesn't
Think about the day of her death – is that a mistake?
Sons, you should at least never be homeless
You can live without pampering your tongue
You can never forget your belly, on the days
I write no poetry, my mind becomes polluted
Those two younger sons have been weaned
Their mother has separated from her bull elephant
On which shore, in which port will her ship land?
If I have to weigh every word, I won't be writing
Any chronicles, no deed, no creed.
I've never been fired in my whole life.
The more the vulgarity, the speedier life is.
Lines have been drawn and deleted
Objectives! What the hell are they? Where the hell do they go?
For whom the bell tolls, how plentiful is the *dhamma*,
The liniment blended with the self is for the self.
Now we become hesitant on greeting one another
We are reluctant to sit down together.
I am a pickled vegetable

နို့ခမ်း . . . သွေးခမ်း . . . ငွေခမ်း . . . ကဗျာခမ်း ဘဝ
ဇာတ်တိုက်ထားတဲ့ ယိမ်းအကတွေကို ဘာအကြောင်းကြောင့်မှ
ဦး . . . မ . . . ညွတ်
ထဘီကျွတ်ရင် ဘောင်းဘီဝတ်မယ်။ ။

ကျွန်မနေတဲ့ ကျွန်း

ဝိဇယမင်းသားက သီဟိုဠ်ကျွန်း
နပိုလီယံက စိန့်ဟယ်လင်ကျွန်း
ဂေါ်ဂင်က တဟီတီကျွန်း
မောင်ရှင်က မိန်းမလှကျွန်း
လိပ်ကလေးက ကိုကိုးကျွန်း မှာ။

ရေပတ်လည်ဝိုင်းသောအရာကို ကျွန်း ဟုခေါ်သည် . . .
ဒုက္ခပတ်လည်ဝိုင်းသောအရာကို ဘာခေါ်သလဲ
ဝိညာဉ်နဲ့ ခန္ဓာတွဲလျက်သား
သောက၊ ဗျာပါဒ၊ ဝေဒနာ၊ ဝီစိကိစ္စာ
လောကမာယာတွေ ဝိုင်းကြီးပတ်ပတ်
မတ်မတ်ရပ်နိုင်ဖို့ ကြိုးစားရင်း . . . ကြိုးစားရင်း . . .။

ငါကိုက သည်းမိ . . . ကဲမိ . . . ရဲမိပေသကိုး
လက်ညှိုးတွေကလွဲလို့ ဘာဆုလာဘ်မှ မရစဖူး
သေမထူး နေမထူး . . . ရူးလည်းရူးတဲ့ မိန်းမ။

ပန်းပုဆရာနှစ်ယောက် လက်ကျ
ဆောက်ထွင်းရာတွေ ပွထ
ဘာရုပ်မှ မပေါက်
ဟိုနားက ရွဲ့ . . . သည်နားက ပွဲ့ . . .
ပွဲ့လည်းပွဲ့တဲ့ အတိုင်း . . . ရွဲ့လည်းရွဲ့တဲ့ အတိုင်း . . .။

For the hoorays and the hoohahs.
Breast milk desiccates... menstruation desiccates
Money desiccates... poetry desiccates... life...
Whatever transpires, I will never
Bow down at the well-synchronized *yanes*
Should my sarong slip off
I will wear pants!

Translated by ko ko thett

MY ISLAND

Singhala for Prince Wizaya
Saint Helena for Napoleon
Tahiti for Gauguin
The Isle of Belles for Maung Shin
The Coco Islands for a baby turtle.

An island is a landmass surrounded by water.
But what do you call a place surrounded by *dukkha*?
Amalgams of body and soul,
Angst and anguish, suffering, doubt and delusion,
Circled by an illusory life,
I keep on trying... Yes, trying so hard to stand upright.

It was me! I was such a handful,
Such a flirt, such a red.
I've had no reward, just fingers pointing.
Dying ain't much of a living!
The lady is a crank.

I'm out of shape,
A sculpture chiselled by two masters,
Here's a chipped ear...
there a cock-eyed eye.
(Let them be chipped and cock-eyed).

ကျိန်စာတွေ ရေဖျော်သောက်ပြီး သကာလ
လူသစ်စိတ်သစ်
ဘဝကတော့ ပြန်မသစ်နိုင်တော့ပါပြီ
တစ်ခါတစ်ခါ "မွေ့ကွက်ကိုရှာ" ဟစ်မိတာ တစ်ခုပဲ။

သည်မှာ ရှင် လိပ်ပြာသန့်ချင်ရင်
ပထမ ကိုယ့်ကိုကိုယ် မညာပါနဲ့
ဒုတိယ သူတစ်ပါးကို မညာပါနဲ့
မာယာဆိုတာ ကြာလာရင် ခြေပေါ် တတ်တယ်။

ပြောလို့သာ ပြောရ အချို့များတော့လည်း
ယောက်ျားတန်မဲ့ ပေ့ါပေ့ါပါးပါး
မာယာနဲ့ တစ်ထပ်တည်း တစ်သားတည်း ကျလို့ ။ ။

ဉတုခန့်မှန်းခြင်း

ဝါကြီးဝါထပ်ပြီးနောက်တစ်နှစ်တွင် မိုးလယ်ကောင်းမည်။
စာပေါင်းသိုက် အချိန်စောရှုလုပ်နေသဖြင့် မိုးဦးကောင်းမည်။
ပိတောက်ပန်းပွင့် ရှိဉ္ဆာတံကျကျပွင့်သဖြင့် မိုးနှောင်းညံ့မည်။
မန်ကျည်းရွက်န နောက်ကျသဖြင့် မိုးဦးညံ့မည်။
ပုတ်သင်ညို ဦးခေါင်းစိမ်းနေသဖြင့် မိုးဦးကောင်းမည်။
ကျီးကန်းများ အသိုက်နောက်ကျစွာ ပြုလုပ်ခြင်းကြောင့် မိုးဦးညံ့မည်။
အုန်းနဲ့သီးများ ထိပ်တွင်သီးခြင်းမရှိခြင်းကြောင့် မိုးဦးညံ့မည်။
ပေါက်ပွင့်များ အပင်ထက်ပိုင်း၌ များစွာပွင့်ခြင်းကြောင့် မိုးနှောင်းကောင်းမည်။
ရှားပင် ပထမအထစ် အစေးနည်းခြင်းကြောင့် မိုးဦးညံ့မည်။
ကျွန်မ ခုနှစ်ရက်ခန်းစင်းဝင်ခြင်းကြောင့် မိုးဦးကောင်းမည်။
ဘာတရားမှ မရခြင်းကြောင့် မိုးလယ်ကောင်းမည်။
တရားစခန်းမှ အချိန်တန် အိမ်ပြန်ရောက်လာခြင်းကြောင့် မိုးနှောင်းကောင်းမည်။
ကျွန်မ ကဗျာရေးခြင်းကြောင့် မိုးဦးကောင်းပြီး မိုးလယ်ညံ့ကာ
မိုးနှောင်းကောင်းမည်။
ကျွန်မ ဝတ္ထုရေးခြင်းကြောင့် မိုးဦးကောင်းပြီး မိုးလယ် မိုးနှောင်းကောင်းမည်။

Diluted in water
After slurping curses down
I turn a new page,
But life is un-renewed.
Sometimes I sing 'I Seek Retention Loss.'

Look…
To purify the soul
Firstly, don't deceive yourself.
Secondly, don't deceive others.
In the long run, lies grow legs.

How I hate to spit it out,
Some men are too featherweight,
They copulate with their own craft.

Translated by ko ko thett & James Byrne

WEATHER FORECAST

In the year after Lent intercalated, mid-monsoon will be good.
Sparrows build their nests a little early, early monsoon will be good.
Padauks in bloom from parted branches, late monsoon will be bad.
Tamarind leaves sprout late, early monsoon will be bad.
The chameleon's head is green, early monsoon will be good.
Crows build their nests a little late, early monsoon will be bad.
Euphorbias do not fruit, early monsoon will be bad.
Butea trees flower from upper branches, late monsoon will be good.
The cutch doesn't yield much latex from the first tap, early monsoon
will be bad
Because I was at a meditation centre for seven days, early monsoon
will be good
Because I didn't achieve enlightenment there, mid-monsoon will
be good
Because I managed to return home in time, late monsoon will be good.

ကျွန်မ ဝတ္ထုမရေးခြင်းကြောင့် မိုးဦး မိုးလယ် မိုးနှောင်းညွှမည်။
လာမည့်နှစ်ရက်တွင် နေသာမည်။
မနေ့က မိုးအုံ့ခဲ့သည်။
မနက်ဖြန် မုန်တိုင်းထန်မည်။
ရန်ကုန်မြို့နှင့်အနီးတဝိုက်တွင် သာယာမြဲသာယာမည်။

Because I write poems, early monsoon will be good.
Mid-monsoon will be bad, late monsoon will be good.
Because I write stories, early monsoon will be good, mid-monsoon
And late monsoon will be good. Because I don't write stories,
Early monsoon, mid-monsoon and late monsoon will be bad.
The sun will shine for the next two days
It was cloudy yesterday. A storm will arrive tomorrow.
In Rangoon and its surrounds the weather will be bearable.

Translated by ko ko thett

MAUNG CHAW NWE

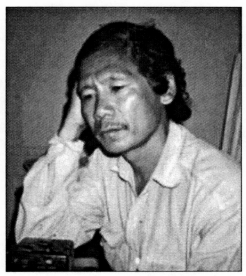

PHOTO: AUTHOR'S ARCHIVE

MAUNG CHAW NWE (1949-2002) was born in Rangoon but from an early age lived on the banks of the Irrawaddy 160 miles northwest of the capital. He published his first poem at the age of 19. In the 1970s, he frequently travelled to Rangoon to mingle with poets. The same decade saw publication of three formative books, *Cruel Music on Dead Leaves* (1974, with Aung Chemit and Phaw Way), *The Whining of the Inner Truth* (1976) and *The Day Maung Chaw Nwe was Had* (1979), later followed by three more, *Upper Class Water* (1980), *Maung Chaw Nwe, the Fake* (1994) and *Train* (1994), a collection of five long poems.

A flamboyant, troubadour-like poet, Maung Chaw Nwe once famously declared: 'I've never thought of living life in moderation.' To him, poetry was 'a karmic disorder and a leprosy of retribution'. His untimely death in 2002 was one of the most tragic events of the decade for his contemporaries. His work remains extremely popular and can be seen to have influenced the development of a new generation of readers and writers of Burmese poetry.

မစ္စတာချာလီ ခင်ဗျားကို ကျွပ်ဆွတ်လိုက်ပြီ

မစ္စတာချာလီ
ခင်ဗျားကို ကျွပ်ဆွတ်လိုက်ပြီ။
ထပ်ပြောပါရစေ
မစ္စတာချာလီ
ခင်ဗျားကို ကျွပ်ဆွတ်လိုက်ပြီ။
ဒီမှာ ကျွပ်အဆွတ်ခံ မစ္စတာချာလီ
တော်တော်များများဟာ ခင်ဗျားပေါ်မှာ တည်မှီပြီး
ကျွပ်ဆွတ်ခွင့်ရလိုက်တော့
ခင်ဗျားဟာ
တော်တော်များများ ဆွတ်ထားတဲ့လူလို့
ကျွပ် သိလိုက်ရ။
ကျွန်တချို့ တော်တော်များများဟာလည်း
ခင်ဗျားအဆွတ်ခံဖို့စောင့်နေကြမှန်း
ကျွပ်သိတာထက် ပိုသိလိုက်ရ
ဒီမှာ....
မစ္စတာချာလီ
ခင်ဗျားဟာ ဒီလို မဆွတ်တတ်ခင်ကတည်းက
လူလည်လုပ်နည်းကို အရင်တတ်ခဲ့
ခင်ဗျားဟာ
သင်စုန်းမဟုတ်ဘူး
ခင်ဗျားဟာ ဝမ်းတွင်းစုန်းဆိုတာ
ကျွပ်သိလိုက်ရမှက
သံတုံးသံခဲတွေ ဖြစ်ခဲ့ပေါ့
ဒီမှာ... မစ္စတာချာလီ
သံတုံးသံခဲတွေမှာ သွေးသားမရှိဘူး။
ခင်ဗျာရဲ့ ခူးဆွတ်ထားမှု
ခင်ဗျားရဲ့ ဆွတ်ဖျန်းထားမှုတွေကို
ကျွပ် ဆွတ်လိုက်ပြီ။
ထပ်ပြောပါရစေ
မစ္စတာချာလီ
ခင်ဗျားကို ကျွပ်ဆွတ်လိုက်ပြီ။ ။

MR. CHARLEY, I HAVE PICKED YOU

Mr. Charley,
I have picked you.
Let me say it again!
Mr. Charley,
I have picked you.
Hey, you!
Mr. Charley, my picked one,
Most of this depends on you.
It was an opportune moment to pick,
Now I realise
You
Have picked too much too.
Many of us anticipated your pick,
Now I know better.
Look…
Mr. Charley,
You learnt to be a wheeler-dealer,
Before you knew how to pick.
You
Are not a trained witch,
You were a witch in the womb,
My knowledge of you
Has become metal chunks.
Look…
Mr. Charley,
Metal chunks are beyond flesh and blood.
I have picked
What you have picked
And what you have perfumed.
Let me make myself clear,
Mr. Charley,
I have picked you.

Translated by ko ko thett & James Byrne

ပင်မှည့်တေး

လူတစ်ယောက်ရဲ့ အဓိပ္ပာယ်ကို
လာ လာ မစွက်ဖက်နဲ့
ကိုယ့်အဓိပ္ပာယ်နဲ့ ကိုယ်နေ
ဆုံးရှုံးခဲ့တယ်ဆိုတာပဲ
သေချာပလေ့စေ။

လူတစ်ယောက်ယောက်ကို
လက်သီးနဲ့ ထိုးဖို့ဆိုတာက
ကိုယ့်မှာ မေးရိုးရှိရတယ် တဲ့
ငါ့လက်သီးတွေက
မင်းဆီသက်ရောက်ဖို့
ငါ့မှာ မေးရိုးရှိတယ်။

ခုတော့ မင်းမှာ မေးရိုးမရှိဘဲ
မင့်လက်သီးတွေ
ငါ့အပေါ် လာ လာ သက်ရောက်နေတာ
အမုန်တရားရေ
မင်းတရားလွန်နေပြီ။

လောကကြီးမှာ ငါအမုန်းဆုံးက
ကျောက်ပေါက်ခွက်တွေ ပြည့်နေအောင်
ဝ ဖြိုးနေတဲ့
အဲ့ဒီအမုန်တရားဆိုတဲ့ ငနဲကိုပဲ။

ဘဝမှာ
လေး ငါး ခြောက်ခု မလိုပါဘူး
နှစ်ခုပဲ
ချစ်သူစစ်စစ်နဲ့ ရန်သူစစ်စစ်
ဒီနှစ်ခုပဲ။

လူစိမ်းနံ့တွေနဲ့ အသက်ရှင်နေရတဲ့
သူငယ်ချင်း မောင်စမ်းအေးရေ
မြို့တွေကို မာကြူရီမဆင်ရပါဘူး

ဘာကြောင့်လဲဆိုတော့
မြို့တွေကိုယ်တိုင်ကိုက

A SUN-RIPENED SONG

Don't chime in with
A definition of 'the individual'
Just live within your own meaning
Just be sure
You've known defeat.

To punch a man
You need a strong lower jaw
When I land my fists on you
I maintain a good solid chin.

You are jawless
Yet your jabs keep raining on me
Mr. Truth
You are beyond the *dhamma*

What I hate most in this whole world is
That scumbag named Truth
Whose fat face is
Scarred with chicken pox.

In this life
You don't need four, five, or six.
You only need two.
Just two, real love and
An authentic foe.

Maung San Aye, my friend,
Who has had to survive
By the smell of strangers
You need not install
Mercury lights in the town.
Towns are made of mercury.

There at Table No. 1 is
The man who lays down the law

မာကြူရီနဲ့ လုပ်ထားလို့ပဲ။

ဟောဟို စားပွဲနံပါတ်တစ်မှာ
ကိုယ့်ဘဝကိုယ် ကျကျနန စီရင်ချက်ချ
အခိုင်အမာထိုင်နေတဲ့
ငါ့ သူငယ်ချင်းအောင်ချိမ့်ဟာ
ထွန်းကားတဲ့ မြို့ကြီးတစ်မြို့ပေါ့။

ပွန်ပီးလို
ချော်ရည်တွေအောက်ရောက်ခဲ့ရပေမဲ့လည်း
ဖော်ဝေး ဆိုတဲ့ ကဗျာဆရာဟာ
ထွန်းကားတဲ့ မြို့ကြီးတစ်မြို့ပေါ့။

ဘယ်သူဟာ
ကမ္ဘာမြေတစ်ခုလုံးလုံး
ဆုံးရှုံးခဲ့ဖူးသလဲ
ကမ္ဘာမြေတစ်ခုလုံး ဆုံးရှုံးသူသာ
ကမ္ဘာကို ပြန်ရပေလိမ့်။

ဘောလုံးသမား မာရာဒိုနာဟာ
ဂိုးတွေကို မှော်နဲ့သွင်းခဲ့တာပေါ့ကွာ။   ။

ဆိပ်ကမ်း

ဒီမှာဆိုက်မယ်
တစ်ပင် နှစ်ပင် သုံးပင်
တစ်စင်း နှစ်စင်း သုံးစင်း
ရှုမျှော်ခင်းတွေ ဆိုက်မယ်။
ခြေချော်လက်ချော်တွေ ဆိုက်မယ်
မြို့တွေရွာတွေ ဆိုက်မယ်။
မာတင်ရုပ်အကျီ့ဝတ်လာတဲ့
ရာသီဥတုတွေ ဆိုက်မယ်။
"ရွှေသွား" ရယ် "ရေမွေး" ရယ်
အရက်မူးပြီး လာဆိုက်မယ်။
နှစ်ပေါင်းသုံးဆယ်လုံးလုံး

Unerringly over his life.
Firmly seated there,
Isn't Aung Cheimt, my pal,
A booming city?

Like Pompeii
Inundated with lava
The poet Phaw Way
Had once been a thriving city.

Who has lost
The whole earth?
Only they
Will get it back.

Maradona channelled
'The Hand of God'
To score.

Translated by ko ko thett & James Byrne

HARBOUR

They will land here.
A tree or two or three.
A ship or two or three.
Sceneries will land.
Fortuities will land.
Towns and villages will land.
The seasons in a Martin shirt will land.
The Gold Tooth and *The Perfume*
Will land, intoxicated.
The moonshiner who has managed
To sell his hooch for thirty years

အနံ့မထွက်အောင် အရက်ရောင်းခဲ့သူလည်း
ဆိုက်မယ်။
အပြုံးကိုဟွန်ဒါအင်ဂျင်လို ဆောင်းထားတဲ့သင်္ဘော
လည်းဆိုက်မယ်။
အရာရာကို နိမိတ်ကောင်းလို့ နိမိတ်ယူတဲ့
သုဂတောသင်္ဘောလည်း ဆိုက်မယ်။
သင်္ဘောဆေးတွေနဲ့
ရှုပ်ရှုပ်ယှက်ယှက်ဖြစ်နေတဲ့
ရှုပ်ရှုပ်ယှက်ယှက် သင်္ဘောလည်း ဆိုက်မယ်။
ဆိုက်မယ်...
ကပ်မယ်...
ပူးမယ် ခွာမယ်။
ကဖီးဆိုင်ထဲ ကဖီးစားပွဲပေါ်
ခုလို..သင်္ဘောတွေ ဆိုက်ကပ်လာပုံဟာဖြင့်
စကြဝဠာကိုယ်တိုင် ကြောက်သွားရလောက်အောင်
စကြဝဠာဖြစ်ခဲ့တယ်။
ခုတော့ ကဖီးဆိုင် ကဖီးစားပွဲပေါ် မှာ
သင်္ဘောသီးနေအောင် ဆိုက်ခဲ့ပြီးလေ။
"ညည..အိပ်မပျော်ဘူးဗျ" လို့
အမြဲတမ်း ပြောပြောနေတဲ့
နှုတ်ခမ်းမွေးစစနဲ့ သင်္ဘောဟာ
လက်ဖက်ရည်ပါဆယ်ထုပ်ကလေးဆွဲပြီး
ပထမဦးဆုံး ထွက်ခွာသွားတော့ရဲ့။
အော်စလိုဂျင်းဘောင်းဘီဝတ်လာတဲ့
လူငယ်သင်္ဘောဟာ
မိနီမားကက်နဲ့တူတဲ့ ကောင်မလေးနောက်ကို
ကုန်မပါ လူမပါဘဲ
ကမ်းကခွာ လိုက်သွားပါတော့ရဲ့။
တစ်နေ့တစ်နေ့
အလကားနေရင်း
ဟိုတယ်စာတွေ ကားတွေ
တိုက်တာတွေ ကားတွေ
အလကား....အလကားပြောပြောနေတဲ့
(သူ့မှာရှိတာမဟုတ်ဘဲ
သူ့မှာရှိတာက သူ့ဘာကိုမှ
မသိတာပဲ ရှိတဲ့သူ)
အဲဒီလူ့ပေါ့ သင်္ဘောကတော့
ဒီကဖီးဆိုပ်ကမ်းစားပွဲမှာ
အဆွည်ဆုံး ကျောက်ချနေလေရဲ့။

Without releasing any smell
Will also land.
The ship wearing the smile of a Honda engine,
The Thugataw,
Who reads every sign as a good omen,
Will also land.
The meddlesome ship
Who is meddling with some ship paints
Will also land.
Will arrive...
Will come closer...
Will close in on...
Will depart....
The way the ships arrive
Like the Big Bang
Has petrified the universe itself.
Just now, just like papayas on a tree
Many ships have landed
At the coffee table in the café.
The moustache ship who often says,
'I have insomnia' has left first
With a parcel of takeaway tea in his hand.
A young ship in Oslo jeans,
Chasing the mini-market of a girl,
Has departed without cargo
Or passengers.
Day in, day out
The sloppy ship,
Has been bragging about
Hotel food,
International currencies,
Condominiums and cars
(He has none of these,
Only his own ignorance).
Has been dropping his anchors raucously.
The messy painter
Who uses messy ship paints
And blunders messily
Has shored up with a smug smile

ရုပ်ယှက်ခတ်နေကျ
သဘော်ဆေးတွေနဲ့ရုပ်ယှက်ခတ်နေကျ
ရှုပ်ရှုပ်ယှက်ယှက်
ဆိုင်းဘုတ်ရေးသမား သဘော်ဟာလည်း
ပြုံးစိပြုံးစိနဲ့
သဘော်ပင်အောက်မှာ ဆိုက်ကပ်လာပြန်ပေ့ါ။
ပြီးတော့
ခုနစ်တန်းအောင်တဲ့ ကားပွဲစားသဘော်ဟာ
ရွှေရောင် အပေါစားဘောပင်လေးချိတ်လို့
ကမ္ဘာကြီးကိုရောင်းစားမယ်ဆိုပြီး ဝင်ချလာပြန်ပြီး
သူများမကောင်းကြောင်း ကိုယ်ကောင်းကြောင်း
တစ်ဘဝလုံးပြောဖို့ရောက်လာတဲ့
အတင်းပြောသဘော်ဟာလည်း
အချိန်မှန် ဆိုက်ကပ်နေရာယူ
ပြီးပြီပေ့ါ။
တချိန်တုန်းကဆိုရင်
ဖုံးငါးအပြည့်တင် သဘော်ရယ်
ပိုးလောက်လန်းအပြည့်တင် သဘော်ရယ်
(တကယ်တော့လည်း ကမ္ဘာလောကကြီးဟာ
ပိုးလောက်လန်းအပြည့်ပဲ မဟုတ်လား)
အခြင်းသန်သန်သဘော်ရယ်
စကားအချေအတင် ဖြစ်ကြရင်း
အဲဒီကဖီးဆိုင်ကြီးကို
ဝိုင်ဖောက်ပြီး သောက်ပစ်လိုက်ကြတယ်။
တခါတုန်းကဆိုရင်
တောင်ကြီးတစ်တောင်ကို မိမိရဲ့မွေးနေ့ကိတ်လို့
သယ်လာတဲ့ သဘော်ရယ်
မြစ်ကြီးတစ်မြစ်ကို လွယ်အိတ်လို့
လွယ်လာတဲ့ သဘော်ရယ်
ရုတ်တရက် တွေ့ဆုံအဆွေခင်ပွန်းဖြစ်ကြရင်း
မြစ်နဲ့တောင်နဲ့...လဲဖြစ်လိုက်ကြတယ်။
အဲဒီမြစ်ကြီးဟာ
ရောဝတီမြစ်ကြီးဖြစ်ပြီး
အဲဒီတောင်ကြီးဟာ
ပုဗ္ဗားတောင်ကြီး ဖြစ်ခဲ့တယ်။
တကယ်တော့
အဲဒီကဖီးဆိုင်ဟာ
ဝင်ရိုးစွန်းကဖီးဖြစ်ပြီး
အဲဒီကော်ဖီစားပွဲဟာ

Right beneath the papaya tree.
Next enters the car salesman ship,
Who has managed
To pass seventh grade.
A cheap golden pen
Dangling in his pocket,
'I will sell the world', he says.
Also, the gossip ship reiterating
'I am good,
Others are bad.'
All his life
He has arrived
On schedule
At the right berth.
Once,
The harbour café
Was fermented into wine
And drunk up
As a ship overloaded
With bombfish,
With mosquito larvae,
(Isn't the world in fact overloaded
With mosquito larvae?)
A pugnacious ship
And another ship,
The son of a town dignitary,
Got into a quarrel.
Once
A ship carried a mountain
As if it were his birthday cake,
And another ship
Slung a river over his shoulder,
As if it were a *sling bag*.
These two became instant pals.
At the midnight table
They have swapped
The mountain
For the river,
The Irrawaddy

ညစ့်လယ်ယံစားပွဲ ဖြစ်ခဲ့တယ်
အဲဒါကို
အဲဒီကဗီးဆိုင်နဲ့စားပွဲက မသိခဲ့တာ
ဆိပ်ကမ်းတစ်ခု ဖြစ်ခဲ့တယ်။   ။

လူကြိုက်နည်းတဲ့ ကောင် .

ဈေးထဲမှာ ကိုယ်ထည်ပြည့်ပြည့် အရသာရှိရှိ
ရေချို ငါးသလောက်ကြီးက ၁ကျပ်တဲ့
နာမည်လည်းဖျင်း၊ အဆီအသားလည်း ဖျင်းတဲ့
ငါးဖျင်းက ၂၈ ကျပ်ဈေးတဲ့
ဒါနဲ့ ဆိုင်ရှင်ကို မေးကြည့်မိတယ်
ဘာဖြစ်လို့များ အရသာလည်းရှိ ကိုယ်ထည်လည်းပြည့်တဲ့
ရေချို ငါးသလောက်က ဈေးနည်းရတာလဲလို့
လူကြိုက်နည်းလို့တဲ့
ငါးဖျင်းကတော့ လူကြိုက်များလို့ ဈေးကြီးတယ်တဲ့။

ဟုတ်ကဲ့
မောင်ချောနွယ်ဟာ လူကြိုက်နည်းတဲ့ ကောင်

မိုက်ရိုင်းထွားကျိုင်းလှချည်ရဲ့
မတ်တတ်စာတောင် မဖွမလုံနဲ့ကောင်
တုံးလုံးစာ ဝေလာဝေးလို့ ခန္ဓာကိုယ်နဲ့ကောင်လေ

ဘယ်လိုလဲဆိုတော့ကာ
အင်မတန်သန်းများတဲ့ မိန်းမခေါင်းပေါ်
သန်းတွေ တရှုရှု တစိစိ ပွတက်နေသလိုမျိုး
ကဗျာတွေက သူ့ကိုယ်ပေါ်မှာ။

အပေါ်စား ရက်စတောရန့်တွေက

For Mount Popa.
They have turned the tables
At the Polar Café,
Into a harbour.

Translated by ko ko thett & James Byrne

UNPOPULAR CHAP

In the bazaar, the voluptuous and delicious
Freshwater hilsa is eighteen *kyat*.
Mediocre by name, mediocre in fat and meat
Carplet is priced at twenty-eight *kyat*.
So I ask the fishmonger;
Why is the freshwater hilsa,
Voluminous and delicious, cheaper?
It's unpopular.
Carplet is in demand, hence expensive, she said.

Of course... Maung Chaw Nwe
The unpopular chap.

What Brobdingnagian vulgarity!
The bloke, who doesn't usually have enough food,
Not to mention any nutrients for his naked body.

How did it happen?
Just like lice creeping, climbing and swelling
In the hair of a very lousy woman
Poems, all over his body.

Note: Mount Popa (from Pali Sanskrit 'popa', meaning flower) is an extinct volcano in central Burma. It is believed to be the dwelling of the most powerful Burmese *nats*, or spirits; Mount Popa is the Burmese equivalent of Mount Olympus.

အလကားရတဲ့ ဆာဒါးဟင်းချိုရည်တွေနဲ့
သူ့ဘဝကို မတည်ဆောက်လိုဘူးတဲ့
ဒါပေမဲ့ ခက်ရပုံများ
စားပွဲပေါ်မှာ သည်ဟင်းချိုရည်တစ်ခွက်ပဲ
ပူပူနွေးနွေး ရှိလေတာ။

နွမ်းပါးတဲ့ အောက်ခြေလူတန်းစားတွေနဲ့
ဒူးတင်ပေါင်တင် တစ်တန်းတည်း နေပေမဲ့
ဘုံဆန်တဲ့ အိမ်သာမျိုးကျ
သင်းက မကြိုက်ပြန်ဘူးတဲ့။

အရက်ဖြူကို ယဉ်ကျေးမှုမြှင့် သောက်တတ်သေး
ဇိမ်ခံရကောင်းမှန်း သိတတ်သေး
အသုံးချ သောက်ရမယ်မှန်းလည်း သိတတ်သေး
မူးလာရင် ထကဖို့
ဘယ်တော့မှ မမေ့တတ်တဲ့ ကောင်လေ
ဘဝမှာ
သံအမတ်ကလည်း ဖြစ်ခဲ့ချင်သေးသတဲ့။

စကားပြောရာမှာ
အထက်တန်းကျအောင်
တော်ဝင်အောင် ပြောတတ် ပြောနိုင်ပေမဲ့
သူတစ်ဖက်လူ့ကို အမှန်တကယ်ပြောခဲ့တာနဲ့
သူပြန်ပြောပြတဲ့ အခါ
ပိုပြောတတ်တဲ့ ညဉ့်ကလည်း ရှိသေး..။

ပါးတဲ့နေရာမှာ ခြင်ထောင်ဇာထက် ပါးပေမဲ့
တကယ် လက်တွေ့ မကျင့်သုံးဖြစ်လို့
လူတွေက ထူတယ်လို့
အထင်ခံရမြဲကောင်လေ။

တခါတရံတော့လည်း
ဂျစ်ကားပေါ်မှာ
ပေါင်သားအလှပေါ် လွင်အောင်
အချိုးကျကျ ထိုင်တတ်တဲ့
အရွယ်ရှိရှိ အရာရှိကတော် တစ်ယောက်လိုလေ
အဲ့ဒီ ကဗျာဆရာဆိုတဲ့ ကောင်ဟာ
နေထိုင်တတ်သေးတယ်။

He doesn't want to build his life on
Starter soup that comes free with a meal
At seedy restaurants.
Then again, it's a hard choice.
On the table
Only the soup is spicy hot.

He who lives hand in glove
With the destitute underclass.
Then again, he fusses about public toilets.

He swigs his white arak the cultured way
He knows how to hold his glass
He always has a reason to booze
Of course, when soused,
He never forgets to get up and dance
In life, he says,
He wanted to be a diplomat.

When speaking
He is capable of the Queen's English
Then again, he tends to fudge
The facts he's heard
From someone else.

In fact, he's thinner than a mosquito net.
In practice, he never makes use of his thinness.
And so people take his
Thickness for granted.

From time to time this so-called poet
Lives life like
An army officer's budding wife
Who sits stylishly in her Jeep
To reveal her tasty thighs.

In his veins are planets.
Verse planets, vile planets
Prick and swirl in his blood vessels.

သူ့သွေးကြောထဲမှာ ဂျီဟာ့တွေ
ကဗျာဆိုတဲ့ ပါပ ဂျီဟာ့တွေ
စူးဝင် စီးဝင်လို့
မောင်ချောနွယ်ဆိုတဲ့ ကောင်ဟာ
ကမ္ဘာ့ပတ်လမ်းကြောင်းထဲမှာ နေတာလို့
ကြက်ရင်အုပ်လောက်သာရှိတဲ့ သူ့ရင်အုံကို
ကော့ကော့ပြတတ်သေး။

သွေးစိမ်း တပေါက်ပေါက်နဲ့
တည်ဆောက်ခဲ့ရတဲ့ သူ့ဘဝခရီး
ဂီယာကုန် လီဘာကုန်မောင်းနှင်ခဲ့
သူ့ဘဝကို သားရေတစ်ပြားစာယူ
ခင်းကျင်းကြည့်လိုက်ရင်
မြို့တစ်မြို့တည်နိုင်တယ်
မြစ်တစ်မြစ် စီးဆင်းသွားနိုင်ပေရဲ့။

ဒီကောင်က အသည်းက ခပ်ငယ်ငယ်ရယ်လို့
သူ့မွေးသမိခင်က ခဏခဏ
လူကြားထဲ ပြောခံရတဲ့ကောင်ပေါ့
ဘဝကို ရင်ခုန်သလို အရင်းအတိုင်းနေခဲ့။

နာကျင်တဲ့ အခါ မအော်ဘဲ
ပျော်ရွှင်တဲ့ အခါ ရယ်မောဖို့ နောက်မကျခဲ့ဘူး
သူ့အတိဒုက္ခကို တစ်ဖက်လှူက
သိရှိလက်ခံပေမဲ့
သူက သူ့ဒုက္ခအပေါ်
ကိုယ်ဖော့ဖော့နေတတ်လွန်းလို့
တဝက်ကူညီစာနာမှုကိုသာ ရရှိခဲ့သူပေ့။

က္ခသိုလ်ကံလိုက်ပုံကလည်း
ပါးစပ်နဲ့ ကူညီပြီး လက်မပါတဲ့ မိတ်ဆွေ
ပေါပြည့်လှတဲ့ ကောင်ပေပဲ။

ခုံးထနေတဲ့ ကမ္ဘာ့မြေကြီးအခိုးအငွေ့ သစ်ကိုင်းနဲ့
အဲ့ဒီသစ်ကိုင်းပေါ် က ရောင်ကိုင်းပြည်တည်နာ   မြစ်နဲ့ကမ္ဘာ့ဦးကို
                                                          တူးဆွလာတဲ့လက်
အမှန်တရားက လူတွေလိုပါပဲ
အောင်စနည်းနည်းရယ်ပါ

Flaunting his tiny chest
The size of a chicken breast
That chap Maung Chaw Nwe brags:
'The earth's orbit is my residence.'

In the plop-plop of
Dripping green blood
He sets out his life journey.
Top-geared, he floors the accelerator.
On the skin of his life
A city can rise
A river can flow.

In public, his mother has often said
That idiot has such a tiny spleen
He just lives life by the whims of his heart
Exactly at its purchasing price.

He never screams in pain
Is never late to laugh aloud in happiness.
Even when others understand his angst and anguish,
He usually pretends to float above them.
No wonder he's received only half of
All the sympathy and help he needed.

What wholesome *karma*
What a man, brimming with friends
Friends with helping mouths, without helping hands.

Mother Earth crinkles
A branch of smoke
And on that branch is an ulcer
And a hand that has hoed a river and a genesis

The truth is like humans
It weighs just a few ounces
All these things
He doesn't share with common people.

သာမန်လူနဲ့ မတူတဲ့ အရာဆိုလို့
ဒါတွေပဲ သူ့မှာ ရှိရဲ့။

ကျန်တာတွေကတော့
သာမန်လူတွေ ဆောင်ကြဉ်းနိုင်တဲ့ စွမ်းရည်
သူ့မှာ ခပ်နည်းနည်းရယ်
ဥပမာ
မြို့မျက်နှာဖုံးသူဌေးမဖြစ်ခဲ့ဖူးဘူး
အရာရှိမဖြစ်ခဲ့ဖူးဘူးပေါ့။

တစ်ခုခုကိုမြင်ရင်
သွားရည်တမြှားမြှားဖြစ်နေတာမျိုးကို
သိပ်ရှုရှာတဲ့ကောင်
ငယ်ငယ်တုန်းက ဟိုဝါဒ ဒီဝါဒတွေကို နည်းနည်းပါးပါးမြည်းစမ်းဖူး။

ခုတော့
မင်္ဂလာတရားနဲ့ အညီလေ
ငါးပုပ်စားရပေမဲ့
ပြဟ္မစိုရ်တရား လက်ကိုင်ထားလို့
ဘယ်သူတွေများ ငါးပုပ်စားရလို့
ပြဟ္မစိုရ်တရား လက်ကိုင်ထားနိုင်ခဲ့လို့လဲ၊

အဆုတ်မကောင်း
အသက်ရှူပြန်တွေ မကောင်းလှပေမဲ့
မြေအောင်းနှစ်ချို့ဝိုင်ကောင်းကို ကြိုက်သေး
တာဂျီးနီးယားကောင်းတဲ့ စီးကရက်ကိုကြိုက်သေး
အရက်ကလေးထွေထွေနဲ့ သူ့မိတ်ဆွေ သူငယ်ချင်းတွေ အပေါ်
သူပေါင်းသင်းနေထိုင်ခဲ့ပုံက မယားတစ်ယောက်လိုလေ။

ဘာသာစကားအမျိုးမျိုးပြောင်းမပြောတတ်လို့
ဖိနပ်အမျိုးမျိုး ပြောင်းမစီးတတ်လို့
ခဏခဏ အပြစ်တင်ခံရတဲ့ကောင်ပေါ့
ကိုယ့်သားအရွယ် ညီအရွယ်ကောင်တွေက

လိမ်တာညာတာကို လိမ်တာမှန်းသိသိခံပြီး
သာယာနေတတ်တဲ့ ကောင်လေ။

အပေါင်းအသင်းတွေ သူငယ်ချင်းတွေ အပေါ်
လင်ကိုလုပ်ကျွေးနေတဲ့ မယားလို ပေါင်းခဲ့ပေမဲ့

As for the rest
He doesn't have any capacity
For humdrum.
He didn't become a town magnate
He didn't become an army officer.

He finds it quite disgusting to drool
Whenever he sees something new
As a young chap
He has tried this-and-that-isms, just a little.

Now
Living on rotten fish
In line with *mingala dhamma*
He is holding *brahmaso* virtues
On rotten fish
Who else can hold *brahmaso* virtues?

His lungs are ghastly
So is his trachea, then again
He likes cellar-aged wines
He likes Virginia cigarettes
Tipsily, he mingles with his pals
Like a wife with her husband.

He is often blamed
For not speaking in various tongues
For not wearing a variety of shoes.
He takes immense pleasure in being conned by
Younger fellas, the age of
His sons and brothers.

Just like a wife providing for her husband
He serves his chums and acquaintances.
For every one of his forty years
He's been tough on himself.
Men with gold chains on their chest nag:
What an ignoramus, what a flirt!

နှစ်ပေါင်းလေးဆယ်လုံးလုံး
သူ့ဘဝ သူ့ခန္ဓာကိုယ်ပေါ် ကျ မကောင်းခဲ့တဲ့ ကောင်လေ
မလည်မဝယ်နဲ့ အနေအထိုင်မတတ်ဘူးလို့
ရင်ဘတ်ဆွဲကြိုးနဲ့ ကောင်တွေရဲ့ အဝေဖန်ခံရလှပေါ့။

သူကံလိုက်ပုံကလည်း
လူပါမက နတ်ပါမုန်းအောင်ပြောတတ်တဲ့
ပါးစပ်ကြီးနဲ့ အဆွေ ခင်ပွန်းဖြစ်ရသေး
အဲ့ဒီပါးစပ်ကြီးရဲ့ စကားပင်လယ်မှာ
အသက်လေးဆယ်နားကပ်နေတာတောင်

အနေအထိုင်မတတ်သေးဘူးလို့
ရေနစ်နစ် နေရသေး။

တကယ်တော့
ဒါ သူ့မိမွေးတိုင်း ဖမွေးတိုင်းပါ
သူ့နုးညံ့သိမ်မွေ့မှုပါ
သူ့ယဉ်ကျေးတဲ့ သွေးကြောပါ
နတ်ဆိုးတို့ပါးစပ်မှာ
ပလပ်ခံရတဲ့
သူ့ကိုယ်ပိုင် အတွင်းသားပါ။   ။

What providence
To be a mate of a bigmouth
Who can antagonize *nats*, not only men.
At the age of almost forty
For his bad manners
He is still drowning in the alphabet sea
Of that big mouth.

This is his birthday suit
His softness and sophistication
His cultured blood vessel
His own inner flesh
Nullified
At the mouth of evil.

Translated by ko ko thett

MAUNG PYIYT MIN

PHOTO: CRAIG RITCHIE
http://craigritchie.co.uk

MAUNG PYIYT MIN (b. 1953) was born in Rangoon. He began writing at high school but it was his poem 'Snake', published in a Rangoon University annual magazine, that got him noticed by the Burmese literary circle. Since *Dream* (1970), his first book in collaboration with poet and songwriter Maung Thit Min, he has contributed numerous poems to major Burmese magazines and has written several collections, usually in collaboration with a junior poet. His major books include *Two Men and a Poem* (2000) with Khin Aung Aye, *21 Album* (2004) with Maung Chaw Nwe and Thitsar Ni, *Leap* (2004) with Lu Hsan, and *One-On-One* (2008), with Aung Pyiyt Soun. Maung Pyiyt Min won the Myanmar e-book Award for 'Shall I Plunge into a Big Bummer?' in 2005.

He has happily travelled through all the major epochs of Burmese poetry, from the post-war four-syllable era to more recent modern and postmodern times. He believes that 'poethood is the noblest of all human occupations'.

သော့ ၅၂ ချောင်း၊ သော့တွဲ

မီးဆလိုက် စ ထိုးလိုက်တာနဲ့
အိုက်တင် စ လုပ်ပေတော့။

ပထမဆုံး သော့ပေါက်က ချောင်းကြည့်လိုက်မယ်
ဒီတစ်ချောင်းက သော့ပေါက်ထက် ကြီးနေတယ်၊
ဒါ အစုတ်ကြီး၊ အဝေးကြီး လွင့်ပစ်လိုက်၊
ဒီသော့တံမှာ စနေဂြိုဟ်စီးနေတယ်၊
အနီချောင်းတွေဆို အကုန်ဖြုတ်လိုက်တော့၊
ဒါက ရော့ဘာအိတ်နဲ့ထုပ်ထားလို့
ဘယ်နိုင်ငံလုပ်လဲ စာဖတ်မရဘူး၊
ဆတ်ကနဲပြောင်းပြန်လှန်မိရင် ကောက်သွားလိမ့်မယ်
ကောက်ရတဲ့သော့ဆိုတာ အသုံးမဝင်ဘူး၊
အသုံးဝင်တဲ့သော့ဆိုရင်လည်း ကောက်မရနိုင်ဘူး၊
ကျပျောက်တဲ့လူလည်း ဒုက္ခ
ကောက်ရတဲ့လူလည်း ဒုက္ခ
ဒုက္ခနဲ့တော့ ဖွင့်မရနိုင်ဘူးလေ၊ သော့နဲ့မှ
သော့အဟောင်း လေးချောင်းတစ်တွဲ
သုံးချောင်းတစ်တွဲ၊ နှစ်ချောင်းတစ်တွဲ
ဒီတစ်ချောင်းကို ဝက်ရှူးပြန်မယ့်လူအတွက်ချန်ထား
ဒီတစ်ချောင်းကို တခြားဝက်ရှူးပြန်မယ့်လူတွေအတွက် ချန်ထား
ကားသော့က ကားပဲ ရမယ်
အလကားသော့က အလကားပဲရမယ်၊
သော့ဆိုတာ ဆော့စရာ မဟုတ်ဘူး၊
နေဦး၊ အစက ပြန်စလိုက်ဦး
ပထမဆုံးသော့ပေါက်က ချောင်းကြည့်လိုက်မယ်၊
ဒီတစ်ချောင်းက သော့ပေါက်ထက် ကြီးနေတယ်။ ။

A BUNCH OF 52 KEYS

Lights
Camera
Action!

Let's peep through the first keyhole.
This key doesn't fit.
This one is too rusty.
Throw it away, far away.
This key is in Saturn.
Unhook all the red keys.
This one wrapped in rubber
Doesn't show where it's from.
A key will bend when upturned suddenly.
A key found on a street is never useful.
A useful key, you never find on a street.
Dukkha is a woman who has lost a key.
Dukkha is a woman who has found a key.
You cannot open it with *dukkha*, only with a key.
Old keys, in bunches of four, three, two.
Leave this for the man with swine 'flu.
Reserve these for others with a similar condition.
A car key for a car.
A free key for a free rider.
A key is not a toy.
Wait!
Let's begin at the beginning,
Let's peep through the first keyhole.
This key doesn't fit.

Translated by ko ko thett & James Byrne

အခက်ကြီးထဲခုန်ချ

မောင်ချောနွယ် (၁၉၄၉-၂၀၀၂)

အခက်ကြီးထဲခုန်ချ
'မောင်ချောနွယ် မသေဘူးတဲ့'
မောင်ချောနွယ်သေပြီ
သူ့အလောင်းကို မီးသင်္ဂြိုဟ်စက်ထဲထည့်တာ
ငါ့ ကိုယ်တိုင်မြင်လိုက်တယ်။
အကြောဆေးထိုးရမယ်၊
ဝါယာရင်းတွေများနေတယ်၊
အပေါ်သွေး တစ်ရာ့လေးဆယ်၊ အောက်သွေးတစ်ရာ၊
ပလပ်တွေ လဲရမယ်၊ မီးပျောက်ပျောက်သွားလို့၊
ငါ့ မနေနိုင်တော့ဘူး၊
' အခက်ကြီးထဲ ခုန်ချ ' ။
သူ့ရှိစဉ်က သူ့ရန်သူတွေကို
အရက်ဆိုင်စားပွဲနောက် အကာအကွယ်ယူလို့
တဖောက်ဖောက်ပြန်ပစ်ခဲ့တယ် မောင်ချောနွယ်။
မနက်မနက် တွန်းခိုးနေရတယ်၊
သွေးတွေ သိပ်တိုးနေလားမသိဘူး၊
မိုက်ခန့် မိုက်ခန့် ဖြစ်ဖြစ်သွားလို့၊
ဘက်ထရီခေါင်းတွေ ဖြုတ်ဆေးလိုက်
ငါ့မနေနိုင်တော့ဘူး၊
အခက်ကြီးထဲ ခုန်ချ။
မောင်ချောနွယ် တခါတလေ ဒုက္ခတွေ့တယ်၊
တခါတလေ ဒုက္ခတွေ့ချင်ယောင်ဆောင်တယ်။
မောင်ချောနွယ် တခါတလေ အရက်မူးတယ်၊
တခါတလေ အရက်မူးချင်ယောင်ဆောင်တယ်။
တခါတလေ သေချင်ယောင်ဆောင်တယ်၊
အလောင်းထုပ်ထားတဲ့ အဝတ်ဖြူကို ဖြည်ပြတော့၊
သူ့ခေါင်းလေး လည်ကျလာလို့ မောင်ချောနွယ်။
ရေတိုင်ကီ ဘာဖြစ်လို့ ရေဆူဆူနေတာလဲ
ကိုယ်ပူလိုက်တာ တစ်ရာ့သုံး တစ်ရာ့လေး
အဖျား တစ်ခါမှ မကျသေးဘူး
ဝါးတားပိုက်တွေ ပိတ်နေလို့လား
ငါ့ မနေနိုင်တော့ဘူး

SHALL I PLUNGE INTO A BIG BUMMER?

Maung Chaw Nwe (1949-2002)

Shall I plunge into a big bummer?
'Maung Chaw Nwe never dies!'
Maung Chaw Nwe is dead
I witnessed his body
Being placed in the crematorium.
Intravenous injections were needed.
The wirings are wrong.
Systolic one-forty, diastolic one hundred
Plugs need to be replaced, ignitions are dodgy
I can't live any more.
'Shall I plunge into a big bummer?'
When he was alive, Bang! Bang!
His enemies duck behind the bar
That's how Maung Chaw Nwe shoots back...
To wake him every morning, you must give him a nudge
Perhaps he is hypertensive
Blackout
Blackout in the brain
Remove the battery leads and clean them
I can't live anymore.
Shall I plunge into a big bummer?
He often bumps into *dukkha*.
Sometimes he pretends *dukkha* bumps into him.
He often gets wasted.
Sometimes he pretends booze has wasted him.
Sometimes he plays dead.
The white drape over his body is being lifted
His head downtilted... Maung Chaw Nwe!
Why is the water in the radiator boiling all the time
Fever 103°, 104°.
Not once has his temperature gone down
Perhaps the water pipes are blocked
I can't live any more.
Shall I plunge into a big bummer?

Note: 'Bummer' in this case means a 'downer' or a depression.

အခက်ကြီးထဲ ခုန်ချ။
တချို့ သူမသေခင်ကတည်းက သစ္စာဖောက်ခဲ့ကြ
တချို့ သူသေပြီးမှ သစ္စာဖောက်လိုက်ကြ
ရေခဲတိုက် ရှေ့မှာ
"လူတစ်ယောက်လုံးထားခဲ့ရပြီးမှ
ဒီစောင်လေးကို ပြန်မယူတော့ပါဘူး" တဲ့
မမမြင့် ငိုရှာတယ်။
အသက်ရှူလိုက်ရင်
ဘယ်ဘက်ရင်ဘတ်က အောင့်အောင့်နေလို့ကာပရိုက်တာ မကောင်းဘူး
တံခါး ဟာနေတာ၊
ငါမနေနိုင်တော့ဘူး
အခက်ကြီးထဲ ခုန်ချ။
မောင်ချောနွယ်အသုဘ
ကဗျာဆရာတွေပို့ကြတယ်။
ကဗျာဆရာတွေ ငိုကြ၊ တစ်ယောက်ကိုတစ်ယောက် လှမ်းကြည့်ကြ
တစ်ယောက်နဲ့တစ်ယောက် တားကြ၊ ဆွဲကြ၊ တွဲထူကြ
တစ်ယောက်နဲ့တစ်ယောက် ရန်ဖြစ်ကြ
နောက်ဆုံးမှာ ဘာသံကြီးလဲ မသိ
ဝိုင်းအော်လိုက်ကြတယ်။
လမ်းလျှောက်လို့မကောင်းဘူး
ညာဘက်တစ်ခြမ်းလုံး ဆွဲဆွဲနေလို့
ဒူးဆစ်တွေ လဲပစ်ရမယ်
ဝိန်ကျတွေ လဲလိုက်။
ငါမနေနိုင်တော့ဘူး
အခက်ကြီးထဲခုန်ချ။
မောင်ချောနွယ်(၁၉၄၉ - ၂၀၀၂)
ဒီနေရာမှာ ငါမနေနိုင်ဘူး
အခက်ကြီးထဲ ထိုးချလိုက်တော့မယ်။   ။

Some betray him before he dies
Others, after he dies
At the mortuary
His wife Ma Ma Myint weeps,
'I am leaving all of him here.
Why should I bring back this shawl?'
Pain in the left chest
Each time he breathes
The carburettor is out of order.
The valves are half open.
I cannot live anymore
Shall I plunge into a big bummer?
At Maung Chaw Nwe's funeral
The poets are in procession
They sob and stare at one another
They console, hold on to one another,
Help one another up
They squabble
In the end, what a noise,
A huge unifying howl.
It's not pleasant even to walk
The chassis pulls towards the right
Kneecaps need to be changed
Replace the second-hand Penang parts.
I can't live any more.
Shall I plunge into big bummer?
Maung Chaw Nwe (1949-2002)
I cannot live here
I'll dive into a big bummer.

Translated by ko ko thett & James Byrne

နောက်ဆုံးခြေပ်စင်

သူ မူးနေပြီလေ....။
သူ့အရိုးစုက ကျောပိုးသယ်လာခဲ့
ရှေ့တည့်တည့် ချိန်လျှောက်ခဲ့
နောက်လေးဆယ့်ငါးဒီဂရီ
ရှစ်ဆယ်ဒီဂရီ
ငါးဆယ် ဒီဂရီ
ကိုးဆယ့်ငါး ဒီဂရီ
သူ အိမ်ကို တန်းတန်းမတ်မတ် ပြန်ချင်နေရှာပြီ။
အဝေးမှုန်လမ်းမရဲ့ လည်ပင်းမှာ
အဆင်းအတက် လှေကားထစ်များ ဆင်းတက်
ချည်သိုးသိုး စာရိတ္တတွေ နေရာအနှံ့ ထိုးအန်ချ
သူ့ ရိုးဂုဏ် တစ်ရပ်ကတော့
သဲကြီးပြတ်ပြီး ကျွတ်ကျန်ခဲ့လေရဲ့။
တကယ့် ပါးလှပ်လှပ် သူ့လျှာ
နှုတ်ခမ်းထူပြာပြာတွေနဲ့ ပြိုလို့
ဦးနောက်တောင်ဘက်ခြမ်းနဲ့ မြောက်ဘက်ခြမ်း
ခပ်ကြမ်းကြမ်း စစ်ဖြစ်လို့
အာရုံဖမ်းရေဒါတွေ မယုံနိုင်စရာ ပျက်စီးလို့
သူ့မျက်မှန်ကိုတော့ ရုပ်အကျီအိတ်ထဲ ချွတ်ထည့်
လက်နဲ့ ဖိထားနိုင်တုံးပါပဲ။
သူ ထိန်းတွယ်စရာ တစုံတရာ ရလိမ့်မယ်
ဒါမှမဟုတ်
သူ ပြိုကျသွားလိမ့်မယ်
ဒါမှ မဟုတ်
တွဲ့ထူသူ တွေ့လိမ့်မယ်
ဒါမှမဟုတ်
သူ့တစ်ခုခု ဖြစ်လိမ့်မယ်
ဘယ်သူ ပြောနိုင်ပါ့မလဲ။ဒါပေမဲ့
ခွက်ထဲက နောက်ဆုံးတစ်ပက်ကို
သူလုံးဝ ဖြင်းနိုင်ခဲ့တယ်။ ။

THE LAST ELEMENT

He is soused…
Riding his own skeleton
He was aiming to walk upright
Forty-five degrees
Eighty degrees
Fifty degrees
Ninety degrees
Wanting to go home straight.

Longsighted, at the throat of the highway
Stairs wobble up-and-down
Putrid morality pukes up everywhere
Honesty, his sole virtue, lags behind
In a flip-flop with a broken strap.

His tongue, razor-thin,
Gets entangled in thick blue lips
North Brain and South Brain
In a vicious war
His sensual radar
Implausibly defunct
His spectacles
Restuffed into his pocket
Pressed against his chest.

He might find something to hang onto
He might collapse
Or
He might find someone to help him up
Or
Something might happen to him
Who can tell?

One thing is for sure
He has blatantly rejected
The last shot.

Translated by ko ko thett & James Byrne

တမ်းတခြင်း

အိုး .... ဘယ်လို ငြိတွယ်မှုကြီးပါလိမ့်။

မြေကြီး၊ မိုးကောင်းကင်၊ ပင်လယ် အားလုံးစီစဉ်ထား
ပြီးကာမှ
အဝတ်လျှော်စက်ထဲက ဖြူဖွေးတွန့်ကြေထွက်လာရ
ဒီတစ်ခါလည်း ကျွန်တော် ဆုံးရှုံးခဲ့ရပြန်ပေ့။

သူ့ရုပ်ပုံကိုသာ စွဲလမ်းခြင်းကြီးခဲ့၊
ပျော်မှားခွင့်ပေါင်းများစွာ ခေါင်းတွင်တွင် ခါပစ်ခဲ့၊
ဒါပေမဲ့လေ
ယုတ်မာခြင်းတွေ တဖွဲဖွဲကျနေတဲ့ တစ်နေရာရာမှာ
မကောင်းဆိုးဝါးတွေ မြူးလွန်းတဲ့တစ်ညမှာ
သူ့ ကိုယ်ငွေ့နွေးနွေး အေးစက်သွားလေပြီလား။

ကျန်ရစ်ခဲ့သူတွေကြား
ကူသူဝေးပန်းတို့ဆိုင်နစ်သွားတာလာမြင်နေရဲ့။

ရှုံးခဲ့ပြန်ပေ့၊
ဒီကွင်းထဲမှာတော့ "ဖြူစင်သောဘဝ" ဆိုတာ
ခြေကျိုးသွားရှာတဲ့ ပြိုင်မြင်းတစ်ကောင်ရဲ့နာမည်ပါပဲ။

YEARNING

What an entanglement!

After everything was created
– the earth, the sky and the sea –
Again, I've come out of life's washing machine
Rumpled and taintless and defeated.

Thinking only of her aura
I shook my head at several chances for follies and gaffes
Yet
In a place where vileness snows
In a night where fiends amuse themselves
Has the warmth of her body cooled?

Among the survivors
Wretched flowers move

Defeated again on the racetrack
Unsoiled Life
The name of a thoroughbred with a broken leg.

Translated by ko ko thett & James Byrne

KHIN AUNG AYE

PHOTO: CRAIG RITCHIE
http://craigritchie.co.uk

Khin Aung Aye (b. 1956) was born and raised in Rangoon, where he attended the university. He has published 11 collections of poetry, which include collaborations with leading Burmese poets and translators such as Zeyar Lynn and his own cousin and early teacher Maw Rousseau. His first book was *Time Train from the World's Shore*. His early collections were somewhat traditional in approach, being exemplified by four-syllable metered verse, but steadily became more influenced by modernism. Nowadays, he is regarded as one of the key post-modern and pioneering poets to emerge from the *Khitsan* ('testing the times') era of Burmese poetry. However, he stresses that his writing style emerged from close readings of old Burmese masters like Dagon Taya and – in the 1980s – through the workshops of Maung Tha Noe. His latest collection, *54 Sentences Dictated by Free Thought*, was published in 2011.

Khin Aung Aye lives in Bangkok, but is known outside South East Asia from readings in England, Germany, Finland and at literary festivals in South Korea.

ပျောက်ကွက်

မင်းတို့မေးရှိုးတွေ အားလုံး ပြွတ်ထွက်သွားအောင်
ငါဆော်ထည့်နိုင်တယ်
ဒါနဲ့ပဲ
ဟောဟိုက ချောင်ကောင်းကောင်းမှာ
ကြမ်းပိုးရှာသလိုလို
သန်းရှာသလိုလို
ဖိမကိစ္စနဲ့ပြီးရတာပဲ။

တစ်ညနောက်ကျပြီးမှ ညားခွင့်ရတဲ့ ကဗျာတစ်ပုဒ်ရယ်
လေးငါးနှစ်တာကာလဆီက စုပ်မျိုခဲ့သမျှရယ်
အခုမှ
အားလုံးဟာရှိလာခဲ့ပြီ
သီချင်းဆိုရဲတဲ့ပန်းပွင့်များ
အနားမယူတဲ့ သန်းခေါင်ယံခေါင်းလောင်းများ
အိပ်မက် မက်ရမှာ ကြောက်တဲ့ကျွဲရိုင်းများ။

တလွင့်လွင့် ခန်းဆီးစရဲ့ အပေါ်မှာတော့
ရာဇဝင်ဟာ ပိုးသားဖာ ရက်ဖောက်လို့
ငါတို့ရောက်ရှိရာ မှတ်တိုင်များနဲ့
ငါတို့ဆုပ်ကိုင်မိကြရာ ပြာမှုန်များရဲ့ရေးခြယ်မှုမျှပဲ။

ခုလိုတော့လည်း
ငါ့က
ကိုယ်လိမ်းပေါင်ဒါ လူးရ
ဆပ်ပြာမွှေး သုံးရနဲ့။

ရှေ့တူရှုမှာ
တဝက်တပျက်သာ ပွင့်နေတဲ့ တံခါးချပ်တွေ အဆင့်ဆင့်
သခင်အလိုကို အတိအကျ သိတတ်တဲ့ ခွေးတစ်ကောင်နဲ့
သံသရာဆုံးအောင် မှောင်နေတော့မလောက် အမိုက်တိုက်
အရက်ဖြူနည်းနည်းမျိုလိုက်ရတယ်။

နောက်ထပ်....
ပြီးတော့ နောက်ထပ်များ
ငါ့အကင်းပါးမှုက ငါ့ကိုပြန်ရောင်းစားခဲ့ရာ

ACHILLES' HEEL

I can knock your jaws off.
So the story goes…
In that corner,
Delousing or debugging
Almost ending up in sex.

A poem I slept with a night too late,
What I've been imbibing for four / five years,
All have come into being just now.
The flowers that dare to sing
The restless midnight bells
The wild buffalos petrified of dreaming.

Above floating curtains
History in the form of a silk lace.
These are just portrayals
On milestones we have passed
And ashes in our clenched fists.

As for me,
The one who's using talcum powder,
The one who's using perfumed soap.

Ahead of us,
Doors opening, one after another,
And an obsequious dog who knows his master's desires exactly.
The dark cloud sinning to the end of the *samsara*.
I had to swallow a drop of arak.

Then,
After a lot of 'then's,
I was sold by my own street-smartness.

ရွှေပိန်းချခြေရာတွေနဲ့
ပေါက်လွတ်ပဲစား ဖန်ဆင်းလိုက်တဲ့ အနာဂါတ်တွေပဲအစားပြန်ရခဲ့ပေါ့။

ဟော.....
အခုမှ အိပ်ရာကနိုးလာသလိုမျိုး
မှိုရိုးမျှစ်ရိုးပြောတော့မယ့် ပါးစပ်ရယ်
သင့်ကို မြေကြီးထဲဆွဲနှစ်တော့မတတ်အကြည့်ရယ်
နောက်ပြီး
မီးစတစ်ဖက် ရေမှုတ်တစ်ဖက် လက်တစ်စုံရယ်နဲ့ပါလား။

ငါတို့နှစ်ယောက်ကြားမှာ
ဘယ်တုန်းကမှ မလွှဲမှားခဲ့ဖူးတဲ့ငွေတစ်ကျပ်
ခု.... မင်းလူသတ်ချင်နေပြီပေါ့လေ။

မနေ့တုန်းက ဘာနေ့ပါလိမ့်
အိမ့်ဆည်းလည်းသံ တချွင်ချွင်တတင်တင်
အပြင်ဘက်မှာမှသားနွံထဲကျုံနှစ်ဆဲ
အဆိပ်ရည်ဖြစ်ဖြစ်
ဒေးလီးဗိုက်တာဖြစ်ဖြစ်
အိတ်ဇစ်စတင်ရှယ်လစ်ဇင်းပဲ ဖြစ်ဖြစ်ပေါ့။

အဲဒီလောက်ကြီး ကီးကိုက်နေမှတော့
ဘာသားနဲ့ထုထားတာမို့တောင့်ခံနိုင်မလဲ
သဲထဲရေသွန်မဖြစ်ခင် လက်ဖျစ်တတွက်
လူမှုရေးတွေ ကွပ်မျက်လိုက်ရတယ်.။

ဖြုန်းခနဲ
ရင်ကွဲနာကျသေချင်စရာကောင်းသွားတဲ့ညနေထဲမှာ
ဆည်းဆာကိုအငမ်းမရနမ်းစုပ်ရင်း
ဟောဒီနာကျင်မှုသီချင်းကို
ညည်းဆိုခဲ့မိတာပဲပေါ့...။ ။

All I get in return are gilded footsteps
Futures fashioned by a stray.

Listen…
As if just waking up,
The mouth that's about to turn on me, nitpicking,
Like picking mushrooms and bamboo shoots,
The look that's about to bury me alive,
And with them,
A pair of hypocritical hands.

Between the two of us,
There never was a misunderstood *kyat*.
Now you want to murder me?

What day was it yesterday?
As our child jingles at home,
I am still drowning outdoors in the mire of lies.
Poisonous liquid,
DailyVita,
Existentialism… whatever.

With such perfect pitch
Who are you to resist
Before everything is squandered
At a snap of my fingers,
The social affairs are executed.

All of a sudden,
In this lovelorn evening
With suicide in the air,
I kiss the twilight,
I sing a song of agony.

Translated by ko ko thett

၂၀၁၀၊ ဗမာကဗျာ အဆက်အပေါက်၊ ဗမာ ကဗျာဗေဒနဲ့ မသိကိန်းတစ်ခု

လရောင်နဲ့ နာနတ်ယို တစ်ခြမ်းစီ သုတ်ထားတဲ့ ပေါင်မုန့် ဟုတ်ကဲ့ အရေပြားနာ
မှုရင်းကြွယ်တွေရဲ့ အရိပ် အယောင်မျှ ဘဏ်လုပ်ငန်းဆိုတာ ဒီလိုမြန်ပြီး
ဒီလိုလွယ်ကူရမယ် သိပ်ပြောချင်ဆိုချင်စိတ်တွေ ယိုဖိတ်နေတုန်း
ပန်းပွင့်ဖတ်နုနုလေးတွေ အနေး ကြွေကျလာ (ဖတ်ပါ) အကူအညီ
ပြတင်းပေါက် စားပွဲ တန်ဆာပလာ နာရီလက် တံ ပြောင်းပြန်လည်ရင်း
ထီးများ ခမောက်များ ဘိန်းအစားထိုး ပန်းဂျုံ "ဟယ် ခရုတွေ" မီးရောင်ဟာ
အဲဒီနောက် ကို ထပ်ချပ်မကွာလိုက်ရင်း " ဒီဟာ ကော်မရှင်နာ ချူအင်-
လိုင်း ပါ" ဟု ဟစ်ကြွေးသံများ သီချင်းထဲမှာ စက္ကူစုတ် တွေ လမ်းများထဲသို့
လေညင်းကလေးများ သုတ်ဖြူးလာသည့် ပြုံးပြကာ "ခွပ်ခွပ် ခွပ်ခွပ်နဲ့
သွားနေတုန်းပါပဲဗျာ" ဟု ပြောတတ်သည့် လက်တွေ့မှာလည်း လက်တွေ့အောင်
(လက်နဲ့မတွေ့သေးလည်း မတွေ့တွေ့အောင်)လုပ် တတ်သည့် ဟော
ပြောရင်းဆိုရင်း ပြေးဝင်လာပြီ ရိုက်ကွင်းထဲ ဇာတ်ညွှန်းထဲမပါဘဲ ဇာတ်လိုက်ဟာ
ဒါဏ်ရာရ လဲ ကျ ရွှေဘောင်သွင်း ရွှေအဆင်း ရွှေရုပ်ပုံလွှာ ကြိမ်းမောင်း
ခြိမ်းခြောက်ခဲ့ဖူးသည့် "ခင်ဗျား မြင်သားပဲလေ" ပြောဆဲအခိုက် ဖုံးကဒ်မှာ လည်
မှာဆွဲထားတဲ့လက်ဖွဲ့အဆောင်အယောင်မှာ ခုတ်ထစ်ရတော့တယ် ဓားသွားဟာ
တမဟုတ်ချင်း ရင်မှကျော ထုတ်ချင်းခတ်သွား အာလူးကြော် တစ်ဖတ်ဝါးရင်း
ဟုတ်ကဲ့ပါခင်ဗျာ ဓားသွားပေါ် အပိုး မကျိုးတာလား အကျိုးမပေးတာလား
အလိုလို ကြက်သီးတွေ ဘာတွေ ထ ပြီး လက်အုပ်ချီ ထိုင်ကန်တော့တာ
မင်း မုတ်ဆိတ်ငုတ်တိုကိုပဲ မင်းဂရုစိုက် သံသရာတလျှောက်လုံး အမှန်တကယ်
အသုံးဝင်မယ့် တစ်ခုတည်းသော အဲဒီ 'သတိ' တစ်လုံး မျက်မှန်အိတ်မှာ
ရေးထားတဲ့ ဒီစာ inmind ကနုတ်ဖော်ထားတဲ့ ကျွန်းသား ပါတေးရှင်း နား
နစ်ဖက်ကို အုပ်ကာ သို့တည်းမဟုတ် နားနစ်ဖက်ကို ထောင်စွင့်ကာ ဖေ့စ်ဘွတ်ခ်
ဖြောင့်စင်းသော ဆံပင်အုပ်လုံး ပေါ် တစ်ပေါက်ချင်း ကျလာခဲ့ပုံ မွေးကင်းစ
ကလေးလေး ကမ္ဘာကြီးကို အူငဲလို့အာခေါင်ခြစ်အော်ငိုသံနဲ့နှုတ်ဆက်လိုက်
ပုံ ပျင်းစရာကောင်းလောက်အောင် ခံနိုင်ရည်ရှိပုံများလို့ သူရေးတတ်လေတယ်
သူမို့ရေးတတ်ပလေတယ် "ဒါပေမဲ့ ကန့်သတ်မှုကို/ကျွန်ုပ်တို့ကာလည်း
ကာကွယ်ချင်တယ်/ဘယ်လို ကာကွယ်ရမှန်းလည်း မသိဘူး"။ ။

၂၄၊ စက်တင်ဘာ၊ ၂၀၁၀ ဘန်ကောက် ၁၉း၅၇ နာရီ

2010 THE CURVACEOUSNESS OF BURMESE POETRY, POETICS AND AN UNKNOWN

the slice of bread buttered by moonlight on one side and pine-
apple jam on the other   yes!   the dermatological problem   the
shadows of the original stars   banking must be this efficient
and that easy   as my urge to speak out spills over the petals
are falling off in slow motion   (read it) window / table / tools
the hour hand travelling counterclockwise   the umbrellas   the
peasant bamboo hats   wheat as a replacement crop for poppy
'wow, cowrie shells!'   the limelight stalking him claims 'this is
commissioner zhou enlai!'   in one song   used papers carried
off by a breeze into the streets   smiles at me and says 'i am still
galloping'   in practice one has to be practical (even if one can-
not be practically practical one *must* be practical)   meanwhile
he crashes into the scene   the main actor has been wounded
this part is not in the script   he collapses   framed in gold   the
golden picture of a golden beauty   i have been nagging away
i have been threatening   as i am saying 'don't you see?'   the
phone card   the talisman hanging on my neck   the sword
swiftly impales me from chest to back   nibbling on a potato
chip i say 'yes, sir'   am i not subdued by the blade   am i not
good for the blade   goose bumps all over   i kowtow   just look
after your goatee   mindfulness   just mindfulness will be use-
ful for you all through the *samsara*   engraved on the spectacles
case is *Inmind*   the filigreed teak partition   masking a pair of
my ears with my palms   i am all ears   Facebook   appears on
an elegantly straight bunch of hair drop by drop   the way the
newborn greets the world at the top of his lungs   'U NGEE!'
how has he come up with   how tediously tolerant they are   he
only he was capable of penning such lines but "Limits / are
what any of us / are inside of "

24 September, 2010 Bangkok 19:57

Translated by ko ko thett

Note: The author refers to Charles Bernstein quoting Charles Olson's *Maxi-
mus Poems* in an interview with Tom Beckett to be found in *Content's Dream:
Essays 1975-1984* (published 1986), translated into Burmese by Zeyar Lynn.

မပျော်ရွှင်ခြင်း အရင်းကျမ်း

မနက်ဖြန်အတွက်ပေါင်မုန့်သို့မဟုတ်ကိတ်မုန့်တစ်ခုခု အတွက် ဘုရားသခင်မှာ
အပူအပင် ရှိလိမ့်မယ် ထင်နေတုန်း ဘုရားသခင်သေပြီ ရုတ်တရက်
ကဗျာစာသားတစ်ခု ရုတ်ရုတ်ယက်ယက်ရုတ်ရုတ်သဲသဲ သဲကန္တာရထဲမှာ
ဘုရားသခင် မသေသေးဘူး စကားလည်း ကောင်းကောင်းမပြောနိုင်ဘူး
သူ့အနီးကပ်လူတွေပြောတာလည်း သူ ကောင်းကောင်းမကြားနိုင်ဘူး ဒါပေမဲ့
ဘုရားသခင်က ဘုရား သခင် ပဲဆိုတော့ ပေါင်မုန့်-ကိတ်မုန့် ကိစ္စကလည်း
ရှိနေလေသေးတော့ကာ ပျော်ရွှင်လိုက်မယ်ကြံကာမှ ကိုယ့်အပျော်ကိုကိုယ်
အနှုတ်အသိမ်းညက်ညက် ပိုးဖဲကတ္တီပါတွေ ကနုတ်တွေ အထွင့်အခေါင်တွေ
မိဖုရားခေါင်ကြီးတွေ တောင်နန်းစံ မြောက်နန်းစံတွေ ကိုယ်လုပ်တော်တွေနဲ့
ကိုယ့်ထီးကိုယ့်နန်း ကိုယ့် ကြငှန်းတွေ (ဟထိုးပါလား မပါရင်လည်း ပြင်လိုက်
အဲဒါ မင့် အလုပ်) ဘုရားသခင်ရဲ့နှုတ်ကပါတ်တော် သမ္မာကျမ်းစာကို
ဖတ်ပြရမှာလား အရင်းကျမ်းကို ဖတ်ပြရမှာလား အရင်းကျမ်းရဲ့ အရင်းအမြစ်
ကားလ် မတ်စ် (အိန်ဂျယ်လ်) အနှောင်အဖွဲ့ မိုးလေဝသအခြေအနေကို
ကြိုဟ်တုကနေ ခုလို အထောက်အထား နှင့်တကွ ပြသ မဖော်ထုတ်နိုင်ခင်
"လူလွန်မသား.." အဆဲစကား ဒါတွေ ထားလိုက်တော့ မင်းအခု အဖျား
ရှိနေလား ချောင်းတဟွတ်ဟွတ်ဆိုးသလား အသက်ပြင်းပြင်းရှူလိုက်ရင်
ရင်ညွန့်မှာ အောင့်သလိုလို ခံစားရလား တိုင်းပြည်ကိုချစ်လှချည်ရဲ့လို့
အောင့်သက်သက် အသံလွှင့်ဖြစ်လား ဒါဆို ဘုရားသခင်က ဘာပြောမလဲ
ဘာမှ မပြောနိုင်အောင် ဘုရားသခင်သည် ကြွေအံရှုံးခဲ့ပြီလော..မင်းမပျင်းရင်
အဲဒီ အပင် ခြေရင်းမှာ နွားချေးခြောက်တွေသွားပုံချည် အာသောကဘုရင်ကြီး
သေခါနီးကိုက်သွားဖို့ သျှစ်သျှားသီးတစ်လုံး အသင့်ကောက်ထားချည် ဒါမှ
အားမရသေးရင် ကမ္ဘာ့အရှေ့ခြမ်းနဲ့အနောက်ခြမ်းကို လွယ်လင့်တကူ
ဆက်သွယ် လို့ရအောင်လှိုဏ်ခေါင်းတစ်ခုသွားတူးချည်
မင်းမလုပ်တတ်ရင်လုပ်ရတာခက်နေရင်
'အရင်းကျမ်း'ဆိုတာကြီးနဲ့သာညှိလိုက်။ ။

၂၆၊ ဇွန်၊ ၂၀၁၀ ဘန်ကောက်စံတော်ချိန် ၂၀း၁၁ နာရီ

STATE OF UNHAPPINESS *DAS KAPITAL*

is there bread for tomorrow or cake or something as such
God may worry seemingly when all of a sudden God is dead
a poetic text in a turmoil in an uproar in a desert God is not
dead can't speak well can't hear well even from those closest
to Him but then God is God and so the question of bread or
cake still arises just as one is thinking of making oneself happy
makes one's happiness a delicate demand silk satin velvet floral
arabesques chief queens one at northern palace one at southern
palace with a bevy of personal attendants own dynasty own
reign own kingdom own palace (correct any orthographical
mistakes that's your job) do I have to read you the *Das Kapital*?
the source of *Das Kapital* Karl Marx (Engels) bond before the
weather report can be verified by the weather satellite like this
'you son of a nymphomaniac' abusive language forget it let it be
do you have a fever now? are you coughing now? do you feel
a dull pain in the chest when you breathe deeply? can you still
broadcast although disgruntled that you'd die for your beloved
country? if so what will God say ? has God gone dumb having
lost at dice? if you're not a lazy bum go pile some cow dung at
the foot of that tree go pick and have ready the microbalanced
fruit for King Ashoka to chew moments before he expires and if
you're still unsatisfied go dig a tunnel connecting the East and
the West if you don't know how to do it if you find it difficult to
do it go and consult the thing called *Das Kapital*

26 June 2010, Bangkok 20:11

Translated by Zeyar Lynn

သေနတ်နဲ့ ဒိန်ခဲ

အနီရောင်စက်ဝိုင်းကနေ မစ်ကီးမောက်စ် ပုံပေါ် လာ
အပြာရောင်ဆီစိမ်စက္ကူပေါ် သဘော်တစ်စီး ပုံကြမ်းရေးခြစ်ထား
ကိုလံဘတ်စ် ရှာမတွေ့ခဲ့တဲ့ ကိုယ်ပျောက်ကျွန်းတွေဆီ
ပင်နယ်စလင် ရှာဖွေတွေ့ရှိပုံ အသုံးဝင်ပုံနဲ့ လူ့သားရဲ့ မပြီးဆုံးစတမ်း နောင်တတရားများ
အနမ်းနဲ့ အနမ်းအပေါ် တင်ဆက်မှု အနုပညာများရဲ့ လျှို့ပုက်သည်းဖို့ အတွေ့အကြုံ
နောင်လာနောက်သားများ အပေါ် မချောမွေ့တဲ့ အသားယှုလက်ဆင့်ကမ်းချန်ရစ်မှုတွေ
ယမ်းမှုန့်ကိုထောင်းထည့်ကာ မီးပေါက်မီးကူး ကောင်းအောင် ချိန်ညှိရတယ်
ဒိန်ခဲ ကို မအောင်မမြင်ရွှေ့ မိခဲ့ပုံ။   ॥

၂၁ နိုဝင်ဘာ ၂၀၀၉ စက်ပူစံတော်ချိန် ၁၅း၂၂ နာရီ

GUN AND CHEESE

mickey mouse appears out of the red circle
the sketch of a ship drawn on blue tracing paper
towards invisible islands columbus hadn't discovered
the discovery of penicillin, its usefulness, and the never-ending
regrets of humans
the mysterious experiences of a kiss and its art of presentation
the unsmooth handing down to next generations
pounding gun-powder needs adjustment to get the sparks right
the way the cheese is moved without success

November 21 2009, Singapore 15:22

Translated by Maung Tha Noe

ZEYAR LYNN

PHOTO: CRAIG RITCHIE
http://craigritchie.co.uk

ZEYAR LYNN (b. 1958) is a poet, critic, writer, translator and language instructor who lives in Rangoon. He has instigated a wider appreciation of post-modern and L=A=N=G=U=A=G=E poetry forms into Burmese and is widely regarded as the most influential living poet in Burma. Besides his own collections, *Distinguishing Features* (2006), *Real/Life: Prose Poems* (2009) *Kilimanjaro* (2010) and *Poetry means Craft* (2011), he has translated various Western poets such as Sylvia Plath, Wisława Szymborska, Donald Justice, John Ashbery and Charles Bernstein and published a number of volumes on poetics.

In modern Burmese poetry Zeyar Lynn has almost single-handedly propagated 'poetry from the head' as opposed to that from the heart, to the dismay of many of his contemporaries. He has published on 'Language-oriented' Burmese poetry in the magazine *Jacket 2*. Zeyar Lynn's influence is widely felt in the writings of the new generation of Burmese poets today.

ငါ့သမိုင်းဟာ ငါ့သမိုင်းမဟုတ်ဘူး

ငါသေပြီးလို့သာ ဒါကို ငါမကွယ်မဝှက်ပြောရဲတယ်
ငါ့သမိုင်းကိုရေးခဲ့တာ ငါမဟုတ်ဘူး
လူဆယ်ယောက်မှာ ဆယ့်တစ်ယောက် ငါ့ကိုမသိဘူး
သူတို့ရေးခဲ့တဲ့ ငါ့သမိုင်းကို
သူတို့မသိဘူး
အမှတ်တရ ရောင်းစားစရာ ငါ့မှာ ဘာမှမရှိဘူး
ကျမ်းပြုစုစရာ၊ မှတ်တမ်းတင်စရာ
သူတို့ရေးခဲ့ကြမှာပါ (ဒါပေမဲ့ ငါမမှတ်မိဘူး)
ကျောက်စာတိုင်မရှိဘူး
အုတ်ဂူမရှိဘူး၊ အရိုးမရှိဘူး
ပြာတောင်မရှိဘူး။
ငါ့သမိုင်းကို ငါရေးခဲ့တာမဟုတ်ဘူး
သူတို့ရေးခဲ့တာ သူတို့ပညာရှင်တွေ
သူတို့ရေးခဲ့တာ သူတို့အမှန်တရားတွေ
သူတို့ရေးခဲ့တာ ရွှေမှုံကြဲဒဏ္ဍာရီတွေ
အဲဒီထဲမှာ ငါဘယ်နှစ်စ ပါခဲ့သလဲ
ငါ့သေတွင်း ငါမသိခဲ့ဘူး
ငါ့သေခြင်းကို သူတို့ပဲရေးခဲ့တယ်
သေခြင်း အချင်းချင်းကြားမှာ
ငါဟာ အမည်မဖော်လိုသူ သေခြင်းလို
ဒုက္ခိတ သေခြင်းလို
သေခြင်းတောင် မစစ်မှန်ခဲ့ရဘူး
သေခြင်းမှာလည်း ငါဟာ နယ်နှင်ခံရပြန်တယ်
ငါ့မှာ ပြုစရာ စာရွက်စာတမ်းအထောက်အထားတွေ
သူတို့ပြည့်ပြည့်စုံစုံ မရေးခဲ့ကြပြန်ဘူး
သေခြင်းမှာ ငါနေထိုင်ခွင့်မရှိပြန်ဘူး
ငါ့သေခြင်းကို သူတို့ပဲရေးကြတယ်
ငါ့သေခြင်းကို သူတို့လေထဲရေးကြတယ်
ရေးကြတယ် ရေးကြတယ် ရေထဲရေးကြတယ်
ငါပြန်ဖတ်ရတယ် ဒါဟာ ငါ့သမိုင်းပဲ
စကားလုံးပေါင်းများ သဒ္ဒါလွဲချော်
သတ်ပုံတောင် ဘယ်လို အသံထွက်ရမလဲမသိ
ငါ့သမိုင်းကို သူတို့ရေးပြီး
ငါ့ကို သမိုင်းထဲက ထုတ်လိုက်တယ်
အခုမှပဲ ငါ့သမိုင်းဟာစတော့တယ်
အခုမှပဲ ငါ့သမိုင်း ငါရေးတော့မယ်။ ။

MY HISTORY IS NOT MINE

I am already dead, I can say this unreservedly
It wasn't me who wrote my history
Eleven out of ten people don't know me
Historians have no idea about
My history written by historians
I have no souvenir whatsoever for sale
PhD scholars, journalists
They might have written my history (but I don't remember it)
No stone inscription
No tomb, no bone
Not even ash
I have not written my history
They have written it for me, those academics
They have written their own versions
What they have written were mythologies sprinkled with gold dust
How many sprinkles did I amount to in there
I wasn't aware of the death pit
They have written even my own death
Amid deaths and deader deaths
I was almost death untitled
A crippled death
Even the death wasn't genuine
Even in death I was exiled
They did not fully write my supporting documents
Even in death I did not have a residence permit
They have written my death
They have written my death in air
They have…. they have… they have written my death in water
I read it again… my own history
Misspellings, missed grammar
I don't even know how to pronounce the word 'vocabulary'
They have written my history
Then they have airbrushed me from history
My history has just begun
I am going to write my own history.

Translated by ko ko thett & James Byrne

မုတ်ဆိတ်တို့၏ သွားရာလမ်းများ

မာ့က်စ်ရဲ့ မုတ်ဆိတ်ထဲမှာ "ကမ္ဘာ့.ကာရန်မဲ့များ စည်းလုံးကြ"
တစ်ချောင်းပါတယ်
ဆာတ်က မုတ်ဆိတ်မထားတာဟာ ဖြစ်တည်မှုပဒာနဝါဒအစတဲ့
ပင်လယ်ပြင်ထဲ စစ်သင်္ဘောတစ်ထောင် စေလွှတ်လိုက်တာ
"ဟယ်လင်" ရဲ့မုတ်ဆိတ်လား
ကဗျာကို ရှာနေတဲ့ စကားလုံးတွေလို မေးစေ့ကိုရှာနေတဲ့ မုတ်ဆိတ်
မုတ်ဆိတ်ဟာ စစ်ဖြစ်နေတဲ့မေးစေ့ရဲ့ စစ်ပြေးမြို့ ပဲ
မေးစေ့ရဲ့သမိုင်းမှာ မုတ်ဆိတ်ဟာ စစ်ရှုံးသူအမှန်တရား
မာရီလင်ရဲ့ မုတ်ဆိတ်မှာ ကမ္ဘာ့ကြီး မီးစွဲလောင်ခဲ့
လူ့ရာမဝင်တွေဟာ မီဒီယာမုတ်ဆိတ်တွေနဲ့ ခန့်ညားကြ
ဆွဲဆန့်လို့ရတဲ့ ရာဘာမုတ်ဆိတ်တွေနဲ့ ချိုးမြှင့်ကြလျှပ်စစ်မီးတွေ
ဆင်ထားတဲ့မြို့.တော်ရဲ့ မုတ်ဆိတ်
အို . . . ပုံသဏ္ဌာန်မဲ့လွန်တဲ့ အိပ်မက်များရဲ့ မုတ်ဆိတ်
မျက်စိတစ်ဆုံးမှာ သဲကန္တာရဲ့ မုတ်ဆိတ်မွေးတွေ တဖွားဖွားလွင့်
ဘဝထဲက အနုပညာဟာ မုတ်ဆိတ်ပေါ် က မဲ့နီလေး (ပြေးနေတယ်)
နာမည်ကျော် မုတ်ဆိတ်ပြာရဲ့ မိုးကာထဲက
ကျွန်တော်တို့ထွက်လာတာကျွန်တော့်ပခုံးပေါ် မိုပြီး မုတ်ဆိတ်တရှဲ့.ရှဲ့ငိုရဲ့ ။
ဒါဟာ ဖြစ်ခဲ့တယ် ။ မာရီယာမှာ ဖြစ်ခဲ့တယ် ။ မုတ်ဆိတ်မှာ ဖြစ်ခဲ့တယ်
သိပ္ပံနည်းကျ မုတ်ဆိတ်တဆွေရောက်ခံရခြင်းသတင်း
မုတ်ဆိတ်က နန မုန်တိုင်းကထန်ထန်
မုတ်ဆိတ်ကို သတိထား၊ ဘာသာစကားဟာ သူ့အလုပ် သူလုပ်လို့မယ်
ကဗျာရေးမယ့်အစား မုတ်ဆိတ်တွေသာ မွေးပါလေ
ဟေ့ . . . ကမ္ဘာ့ မုတ်ဆိတ်တို့ မျိုးအိတ်တွေမှ ထွက်ကြစို့
မုတ်ဆိတ်တရားစီရင်ခန်းမှာ ဒဏ္ဍာရီတွေ ခိုးသွင်းသတဲ့
စကားလုံးကိုစမ်းလိုက်တော့ မုတ်ဆိတ်ရဲ့ အမာရွတ်ကို တွေ့.ရှိပေါ့
မုတ်ဆိတ်ပဲကျန် အလံမလဲ့စတမ်း ဘန်ရွိုင်းတီရုပ်တွေ
စက်ရုပ်သတင်း ။ မုတ်ဆိတ်ဟာ သူ့ကိုယ်သူ "သင်" လို့ ခေါ် နေပြီ
ပြောရေးဆိုခွင့် မုတ်ဆိတ်ခေတ္တရိုက်ခံရ
သူ့မုတ်ဆိတ်ပါ နှုတ်ပိတ်ခံလိုက်ရတယ်ဆိုတဲ့အကြောင်း
ပို့စ်မုတ်ဆိတ်သဘောတရားနဲ့ သမိုင်းများ လွင့်စင်ခြင်းသမိုင်း
မုတ်ဆိတ်ရဲ့ ရေသောက်မြစ်သုံးသွယ် အခိုးခံရခြင်း
ချင်မုတ်ဆိတ်ရဲ့ စိတ်နေစိတ်ထားသုံးသပ်ချက် လက်စွဲကျမ်း
လှောင်ချိုင့်ထဲက မုတ်ဆိတ်တို့ရဲ့ တေးသီသံ နှံနက်ခင်း
သူတော်စင်တွေ မဟုတ်ပေမဲ့ သီလမင်တဲ့ မုတ်ဆိတ်တွေ
ဆစ္စီးဖတ်စ်လို့မှ်တင်တဲ့ နတ်ဘုရားတို့ရဲ့ ရိတ်မရမုတ်ဆိတ်
အဲဒါ ကျွန်မအကြိုက်ဆုံး ။ ကျွန်မ အမြဲသုံးတဲ့ မုတ်ဆိတ်

THE WAYS OF THE BEARDS

There is a hair 'The rhymeless of the world, unite!' in Marx's beard
Not growing a beard is existentialism, says Sartre
Helen's beard that has launched a thousand ships
Beards looking for a chin like words for a poem
Beard is the war-torn town of the chin in civil war
In the history of chin, beard is the defeated truth
The world burned down at Marilyn's beard
The mediocrities look elegant in media beards
Honoured with flexible beard awards
The beard of the capital decorated with electric lamps
O… the beard of dreams beyond form
The beard of the desert whirling at the end of my vision
A small red mole (still running) on the beard of social realism
We have emerged from the raincoat of the famous Bluebeard
Beard sobbing over my shoulder
This has happened, this has happened in Maria, this has happened
                                                                in Beard
The news of the beard-ghost harrowing, yet scientifically proven
The youthful beard, the powerful storm
Just take care of your beard, language will take care of itself
Instead of writing poetry, why not just grow a beard
Hey… beards of the world, let's get out of the *lanugo*
Into the scene of the beard on trial, many myths are said to be
                                                                trafficked in
Probing at the word, the scar of the beard was found
'Don't let the flag fall, Fight on until only your beard remains'
                                                    say the Bansai T-shirts
Stop press news 'The Beard has just called himself You.'
The spokesbeard has been shaved temporarily
His beard was also silenced, so goes the story
Post-beardism and the history of histories scattered
The robbery of the three primary roots of the beard
'A Handbook to Mental Attitude Analysis' by Zen Beard
The morning of the humming beards in the cage
The virtuous beards who are no saints
Sisyphus rolling up the untrimmable beard of the gods

သမိုင်းဟာ ငါ့မုတ်ဆိတ်ကို ခွင့်လွှတ်လိမ့်မယ်
တစ်နိုင်ငံလုံး လျှပ်စစ်ဓာတ်အား တပ်ဆင်ဖို့နဲ့ မုတ်ဆိတ်အင်အားထူထောင်ဖို့
သွား . . . စိတ်ပုပ် . . . သူ မုတ်ဆိတ်ပဲ သူချစ်
မုတ်ဆိတ်ဟာ မုတ်ဆိတ်ဟာ နှင်းဆီဟာ နှင်းဆီဟာ မုတ်ဆိတ်ဟာ
မင်းတို့အားလုံး မုတ်ဆိတ်ပျောက်ဆုံး မျိုးဆက်ပဲ
ဘုရားသခင်ဟာ မုတ်ဆိတ်နဲ့ ကြွေအံကစားနေပြီ။ ။

ဘဝဟာပုံမှန်ပြန်ဖြစ်နေပါပြီ

ဆလိုက်ထိုးပါ

အနောက်ဘက်အရပ်မှာတော့ ပုံပြင်တစ်မျိုးပေါ့

ဆလိုက်ထိုးပါ

စီးပွားရေးအခွင့်ထူးခံ ကိစ္စတွေလည်း ဆွေးနွေးကြတာပေါ့

ဆလိုက်ထိုးပါ

မဖြစ်နိုင်ဘူးဆိုတာကို အတန်တန်ပြောပြီးသား

ဆလိုက်ထိုးပါ

မာရီယာ ဆီးယောဂ် ၊ ချယ်နယ်ချူးစ်အေးရှား ၊ ဘေဂျင်း

ဆလိုက်ထိုးပါ

ကျွန်တော်ဘောင်းဘီပဲ ဝတ်တော့မယ်လို့ ဆုံးဖြတ်လိုက်ကတည်းက
ပုဆိုးတစ်ထည်မှ ခေါင်းထဲမဝင်တော့တာ ဆယ်နှစ်ရှိပြီ

This is my favourite, this beard is my brand, she said
History will forgive my beard
To install electric power all over the country
To establish beard power all over the land
Go away… you swine-head… you only love your beard
A beard is a beard is a beard, a rose is a rose is a rose
All of you belong to the beardless generation
God is playing dice with the beard.

Translated by ko ko thett

SLIDE SHOW

Life is back to normal

Next slide

In the West it's a different story

Next slide

Shall we also discuss the issue of the privileged

Next slide

Impossible, I have said it many times

Next slide

Maria Seow, Channel News Asia, Beijing

Next slide

Since I have decided to wear only trousers
Not a single *paso* has entered my head for ten years

ထို့အတူ . . . ကဗျာ . . . သို့မဟုတ် ၊ မောင်ဘ

ဆလိုက်ထိုးပါ

ကျွန်တော်တို့ဟာ အစဉ်အလာနည်းပညာနဲ့
အောင်မြင်တဲ့ငါးပိတွေ ဆက်လက်ထုတ်လုပ်နေပါကြောင်း

ဆလိုက်ထိုးပါ

ဓားစာခံတွေရဲ့ကိုယ်အင်္ဂါအပိုင်းအစတွေကို
မှတ်ပုံတင်နဲ့ တိုက်ကြည့်ရန်

ဆလိုက်ထိုးပါ

ရင်ခုန်သံအစား ကြွေးကြော်သံတွေရှိတယ်
ဆက်သွယ်မှုရေိယာပြင်ပသို့ ရောက်ရှိနေပါသဖြင့်
တစ်နေ့နေ့ စစ်ပွဲကြီးကျင်းပလို့ ဘယ်သူမှမလာဘူးဆိုရင်ကော

ဆလိုက်ထိုးပါ

၁၃ ၁/၂ ကတည်းက မိန်းမတစ်သောင်းနဲ့ ချစ်မှုပြုခဲ့တာ
အနည်းဆုံးတစ်ယောက်ယောက်နဲ့ ဆက်သွယ်ခဲ့ချင်လို့ပါပဲ

ဆလိုက်ထိုးပါ

ရွှံ့ခြင်း + ကြောက်ခြင်း + ရွံ့ကြောက်ခြင်း

ဆလိုက်ထိုးပါ

သင်ယူခဲ့တဲ့ ရယ်သံတွေဟာ မထွက်ရဲတဲ့ရယ်သံတွေရဲ့ မျက်နှာဖုံးတွေ

ဆလိုက်ထိုးပါ

ဘဝဆိုတာဘာလဲ
လိင်ဆက်ဆံမှုကြောင့် ရလိုက်တဲ့ကူးစက်ရောဂါပေါ့
မျှဝေခံစားကြစို့

ဆလိုက်ထိုးပါ

Similarly   a poem or Maung Ba

Next slide

By using traditional technology we continue to
Produce successful shrimp pastes

Next slide

The body parts of the hostages have to be
Matched with their identity cards

Next slide

Shibboleths in lieu of heartbeats
Your call cannot be reached at the moment
What if no one comes when the Great War is staged some day

Next slide

Since thirteen and a half I have made love to ten thousand women
I just wanted to connect with at least one of them

Next slide

Loathing + fear + fear and loathing

Next slide

The laughter I have learned masks those I have suppressed

Next slide

What's life
It's a sexually transmittable disease
Let's share it

Next slide

ရှင်ရဲ့တင်ရှင်ပြီး ပျောက်ဆုံးသွားတဲ့ ဘဝတွေ

ဆလိုက်ထိုးပါ

အ, လှော့ ၊ လေသံ ၊ လေသံ ၊ အ, လှော့ ။
မဟုတ်ဘူး ၊ မဟုတ်ဘူး ၊
ဘဝဆိုတာ ဟိုဘက်ပေါက်က ဝင်ရတာ

ဆလိုက်ထိုးပါ

ခဏဆိုပြီးထွက်သွားတဲ့အလင်း

ဆလိုက်ထိုးပါ

We all live in a yellow submarine
Yellow submarine, yellow submarine

ဆလိုက်ထိုးပါ

မမြင်ရတဲ့ စည်းရိုးကို ဖောက်ထွင်းဖြတ်သန်းဖို့

ဆလိုက်ထိုးပါ

ကိစ္စကတော့ ဒါပါပဲလို့ ကျွန်တော်ထင်ပါတယ်။ ကျွန်တော့်ရှေ့က ရှိခဲ့၊ရေးခဲ့၊
ပြောခဲ့ကြတဲ့သူတွေဟာ ကြောက်လန့်စရာလေးစားရတဲ့ တကယ့်
ပညာရှင်တွေ၊ တကယ့်ပညာရှိတွေပါပဲ။ လူကြီးမင်းတို့ရှေ့မှောက်မှာ
ကျွန်တော်ခုလိုရပ်စကားပြောနေတာဟာ အရူးတစ်ယောက်ကို အားနာ
ပါးနာ အားပေးနေကြတာလို့ ကျွန်တော်ယူဆပါတယ်။ ဘဝကို ကျွန်တော့်
နည်း ကျွန်တော့်ဟန်နဲ့ နားလည်ဖို့ ကြိုးစားရင်း ရှုန်းကန်နေရတဲ့ အရိပ်
တစ်ခုကို့အခုထိ သည်းခံခွင့်လွှတ်ကြည့်ရှုနားဆင်ပေးတဲ့အတွက် ကျွန်တော့်
ဘက်က ကျေးဇူးအထူးတင်ရှိပါတယ် ။

ဆလိုက်ထိုးပါ
. . . .

ဆလိုက်ထိုးပါ
. . . .

The lives that have been barely alive and gone

Next slide

Idiocy, air, air, idiocy
No... No...
Life has to be entered from the other door

Next slide

The light that has left saying 'Just a moment.'

Next slide

'We all live in a yellow submarine
Yellow submarine, yellow submarine'

Next slide

To fly through the invisible fence

Next slide

The issue is as simple as that, I reckon. Those who have exist-
ed, spoken and written before me were awe-inspiring and
respectable. They were real scholars and genuinely learned
men. I assume that you gentlemen are listening to me, standing
and speaking in front of you in a similarly courteous way you
would to a madman speaking. Thank you so very much for put-
ting up with, forgiving, watching and looking at the shadow of
a life that has been trying to come to terms with life in its own
way, that has been struggling

Next slide

....

Next slide

....

ဆလိုက်ထိုးပါ

. . . .

ဆလိုက်ထိုးပါ

ဆလိုက်ထိုးပါ
ဆလိုက်ထိုးပါ
ဆလိုက်ထိုးပါ

လွယ်အိတ်

သူဘယ်သွားသွား သူ့ အိတ်ထဲမှာ အမြဲပါတာ
သူ့ ခြေတစ်ဖက်ပြတ် လူတွေနဲ့လက်ဆွဲနှုတ်ဆက်စရာရှိရင်
တစ်ဘက်လူရဲ့ လက်ကို သူ့ အိတ်ထဲက
ခြေတစ်ဖက်ပြတ်ထုတ်ပြီး ထိလိုက်တယ်
ဟုတ်ကဲ့ တွေ့ရတာ ဝမ်းသာပါတယ်
သူ အရမ်းခံစားရမှာပဲနော် အိတ်ထဲမှာ ခြေပြတ်ကြီးနဲ့
သူ့ မှာလည်း နှစ်ဘက်စလုံးကောင်းတဲ့ ခြေနှစ်ချောင်းနဲ့
သူစိတ်ရှုပ်လာရင် သူ့ညာလက်ကို သူ့ညာဘက်ပုခုံးမှာ
လွယ်ထားတဲ့ လွယ်အိတ်ထဲ လက်သေတစ်ဖက်လို ထိုးထည့်ပြီး
ခြေတစ်ဖက်ပြတ်ရဲ့ အမျှင်တွေ အကျိအချဲတွေ အရည်တွေ
စမ်းစမ်းပြီး သူ့မှာ ပိုအားတွေ ပြည့်လာတယ်
မာနတွေ တက်လာတယ် ယုံကြည်မှုတွေ မြင့်မားလာတယ်
ညအိပ်ရင် အဲဒီခြေတစ်ဖက်ပြတ်ကို ခေါင်းအုံးတယ်
ထမင်းစားရင် ထမင်းစားပွဲပေါ် အဲဒီခြေတစ်ဖက်ပြတ် တင်စားတယ်
(သူ့မှာ မိန်းမ ရှိလား၊ ရှိတယ်ပဲ ထားပါတော့)
သူ့မိန်းမနဲ့ဆက်ဆံရင် သူတို့နှစ်ကိုယ်ကြား
အဲဒီ ခြေတစ်ဖက်ပြတ်ကို ထိထားတယ် (အဲတော့မှ ထိတယ်ဆိုပဲ)
အဲဒီ ခြေတစ်ဖက်ပြတ်ဟာ သူ့ဘဝ သူ့အတိတ် သူ့ပစ္စုပွန်
သူ့အနာဂတ်တဲ့
"အဲဒါ သစ္စာ" တဲ့

Next slide

....

Next slide

Next slide
Next slide
Next slide

Translated by ko ko thett

SLING BAG

Wherever he goes, in his *sling bag*
He carries his severed leg. If he has to shake hands,
He takes his severed leg out from the bag,
And touches it on the other person's hand
As he says 'Nice to meet you'
He must have gone through a lot of suffering
With that severed leg in his bag,
Though he still has his two legs intact.
When he needs reassurance, he'll insert his right hand,
Like a dead hand, into the bag slung on his right shoulder,
To feel the sinews and greasy slime of the severed leg.
That's how he recharges himself.
That's how his pride is uplifted; his self-confidence restored.
The severed leg serves as his pillow when he sleeps.
The severed leg is placed on the dining table when he eats.
(Is he married? Let's say he is.)
When he makes love to his wife,
The severed leg welds their two bodies together.
(Only then does he feel the hit, he says.)
The severed leg is his life, his past, his present and
His future, he says. 'It's truth', he says.
'It's honesty', he says.

"အဲဒါ ရိုးသားမှု" တဲ့
"အဲဒါ သူ့ပဲ" တဲ့ (ဒါက ဘေးလူတစ်ယောက်က ပြောတာ)
သူ့နဲ့ငယ်ကတည်းက ရင်းနှီးခဲ့တယ်လို့ပြောတာပဲ သူ့မှာလည်း
　　　　　　　　သွားလေရာအမြဲပါတဲ့ လွယ်အိတ်တစ်လုံးနဲ့။။　‖

'It's just him', (says someone else).
Someone who claims to be a childhood friend.
He too always carries a sling bag.

Translated by ko ko thett & Vicky Bowman

MAUNG THEIN ZAW

PHOTO: AUTHOR'S ARCHIVE

MAUNG THEIN ZAW (b. 1959) was born to a family of goldsmiths in Myaing Myo, Pakkokku District, in upper Burma. At fifteen he entered the Burmese *zat* performance world as the front man of a travelling Burmese traditional dance troupe in Mandalay. His work has regularly appeared in Burmese magazines since the 1980s. Frequently sentimental in its outlook, his poetry may be seen as a reconciliation, in form, between the traditional – in terms of diction, romanticism and philosophy – and the modern. Two books of his poems, *Dripping Dewdrops* and *Scenery 21*, were published in one single volume in 2008.

As a *zat* dancer and poet, Maung Thein Zaw's life had always been peripatetic, 'performing during the nights and dreaming during the days'. As a Buddhist, he has tried to understand 'the Noble Eightfold Path' to the best of his capacity, while he sees his poetry as 'an attempt to gauge the essence of life'.

အပူသည်

အသစ်မဟုတ်ဘဲ
နေရောင်နဲ့ ပြန်သထားတဲ့
မနက်ခင်းတစ်ခုမှာပါ

ကျွန်တော် အရှူးအမှူးဖြစ်နေတာကတော့
အိပ်မက်ထဲက
မွေးမြေနေတဲ့ နားရွက်လေးတစ်ဖက်ပါပဲ

လေတွေလည်း တဟူးဟူးတိုက်နေရဲ့

နလုံးသားပေါ်မှာ
ခိုကိုးရာမဲ့ ကျီးကန်းတစ်ကောင်ဟာ
တစာစာ အာနေလေ ရဲ့
အလွမ်းတွေ ဖွာလန်ကြလို့
မြင်မကောင်းအောင် ငိုထားတဲ့
တေးသွားလေးလိုပဲ သက်ဆင်းခဲ့
သိပ်တော့လည်းမဆန်းပါဘူးကွယ် တဲ့

တချွတ်ချွတ် မြည်နေတဲ့
သစ်ကိုင်းခြောက်က
မာဂဓ ဘာသာစကားနဲ့
ကျွန်တော့်ကို ချွေးသိပ်တယ်
ရေတံခွန်အောက် ဝင်လည်း အပိုပဲ

နလုံးသားတစ်ရပ်စာမြင့်တဲ့
မျှော်စင်တစ်ခုဆောက်ပြီး
ကမ္ဘာဦးအစကို လှမ်းကြည့်လိုက်တယ်

မီးကိုစတင်တွေ့ရှိသူဟာ ကျွန်တော်ဖြစ်နေရဲ့။။ ။

THE HEAT BEARER

in a not-so-new morning
vivified
in sunshine

i have been infatuated with
that fragrant little ear
of my dream

what a gusty wind

on my heart
a homeless crow is cawing
all my longings are in staccato
i have descended
like a melody who has sobbed herself out of tune
'not really very special' she says

the screechy
dry branch
soothes me in *magada*
not having found any cure under the waterfall

i build a tower
the height of my heart
and look out on the genesis of the world

the person who discovered fire happened to be me

Translated by ko ko thett & James Byrne

မန္တာန်

လူသူမနီးတဲ့ စိတ်အာရုံ
ပန်းကလေးနဲ့ ရောယှောင်ပြီးစကြဝဠာပွင့်ပုံဆန်း

ငိုသံ၊ ရယ်မောသံ အထိတ်တလန့်ပျံသန်းရာ
ဂျ့ါကိုယ် ခန္ဓာထဲ

မှောင်အတိ၊ နစ်သန်းပေါင်းများစွာ
ကမ်းပါးတွေ   မြစ်အတိုင်းကောက်ကွေ့သမို့

မှားယွင်းမှုအပေါင်းရဲ့   ကောင်းကင်ကို
နှလုံးသားအောက် ဆွဲသွင်းရင်း
အတိုက်စားခံမိခင် လေတွေ
သင့်ဆီကိုပြန်လာတဲ့ အခါ
ဘယ်တော့မှ သင့်ဆီကို
ပြန်လာမှာမဟုတ်တဲ့
ရေပေါ် ကပွေ၊   ။

ဒုက္ခနဲ့တည့်တည့်နတ်သား

ဆုတောင်းခန်း အတွင်း
အမြစ်တွေ တန်းလန်းကျ

ဒုက္ခက နောက်ပြန်ဆုတ်ဖို့ရာ
နတ်တို့မှာ ဘဝတစ်ခု

မရှိခဲ့

MANTRA

remote senses
extraordinary is the universe that has bloomed
emulating a little flower

from my suffering body
the sounds of weeping and laughter
are scared into flight

pitch-dark, for millions of years
the banks have to curve with the rivers

sweeping under my heart
the sky of
               all vices

whenever the incorruptible mother boats
come back to you
they return by the rivers
where you can never wash twice

Translated by ko ko thett

DEVA RIGHT IN FRONT OF *DUKKHA*

roots dangle
in the prayer room

to retreat from the *dukkha*
the gods

are lifeless

ခြေရာတွေ ချောက်ကမ်းပါးဖြစ်
သေခြင်းကို ရှုရှိုက်တဲ့ရှု
နံရံပေါ်
ငါ့ ဘယ်သူရေးဆွဲသလဲ

သံသရာသည် အတွေ့ထူးစွ။   ။

သဲလွန်စ

အစက်အပြောက်တို့ရဲ့ အကြား

လူနဲ့တွေ
တထောင်းထောင်းထနေတဲ့ စံပယ်ရုံ

ရှူးရှူးမှူးမှူး ၊ ငါတို့ တူးဆွနေတာ
သစ်ရွက်လို လွယ်လွယ်ကြွေဖို့
ကြယ်တွေမှာ ပင်စည်မရှိဘူးကွဲ.

အမှောင်ကိုဟာလျက် ဆာလောင်လွန်းသမို့
မင်းနှုတ်ခမ်းဖားဖားကြီး အပေါ်
တွားသွားသတ္တဝါ မဟုတ်ဘူး၊ အဲဒါ လမင်း
တရစပ်ဖြတ်နင်းသွားခဲ့ရာ

ဟောဒီချော်ရည်ပူတွေ
ငါ့နှလုံးသား စစ်စစ်ပေ့ါ။   ။

the footprints become a gorge
on the wall
breathing death

who has painted me?

what a sensual meeting
the *samsara* is!

Translated by ko ko thett

CLUE

between the dots

a hedge of jasmine
giving out human odours

we've been digging like fools to explain
why the stars don't fall like leaves
after all, they don't cling to a trunk

undoing the darkness, famished
upon your unfurled lips,
not a reptile, but the moon
who has been treading relentlessly

this molten rock is
my authentic heart

Translated by ko ko thett & James Byrne

MOE ZAW

PHOTO: CRAIG RITCHIE
http://craigritchie.co.uk

MOE ZAW (b. 1964) put his 'fountain nib on a blank sheet of paper for a poem for the first time' in 1978. *The Village of Agony*, his first chapbook, appeared in 1980. Yet he remained hesitant to get his poems published in the magazines during the 1980s and it was only in 1993 that he contributed 'The Days of the Strays' to *Gold Nectar* magazine. In the 1990s his poems appeared in collaborations with other poets, such as *A Tying Post for Pinkish Hairs*, *5 PM at the Sea* and *Lucy's Flawless Gift*. His debut collection *Will* was published in 2007 and *Mercenary* followed two years later.

Moe Zaw would like to think of himself as 'a humanitarian worker for refugees, an advocate for malnourished children, a servant for all the bearers of *angst* and suffering, a slave of nature, an advocate for the millions who struggle in life, a treasurer for the truth, a trustee of death and the master of his own karma.'

၁၉၈၅ခုနှစ်က နင်းဆီ

၊ ၁ ၊

နယူးယောက်ဆိုတဲ့ မြို့ကြီးရဲ့
ဝဝဖီးဖီးကဖီး ဆိုင်ကလေးတစ်ဆိုင်မှာ
ဟော်ဒီစာမျက်နှာကို မင်းဆွဲလှန်မိမယ်ဆိုရင်
ဒီကဗျာဟာ မင်းအတွက်ပဲ ရည်စူးပြီး ရေးလိုက်ပါပေရဲ့
အရောင်ရင့်ရင့် အပွင့်ကားကား နင်းဆီရေ။

၊ ၂ ၊

ဂန္ထလရာဖဲသွေးရောင်လွှမ်းနေတဲ့
မင်းရဲ့ အနီရောင်နှုတ်ခမ်းသားပေါ်မှာ
ငါဟာ အပျင်းပြေလမ်းသလားနေကျ
မင်းရဲ့ လျှာ
မင်းရဲ့ သွား
အဲဒီအရာနှစ်ခုကြားကနေ
ဖြတ်သန်းတိုက်ခတ်လာတဲ့လေ
ပူနွေးစွတ်စိုနေပေမဲ့
စပျစ်သီးနဲ့လေး သင်းပျံ့နေတတ်လို့
ငါဘယ်လို မေ့ပစ်နိုင်မှာလဲ။

၊ ၃ ၊

မင်းရဲ့ ရေဆိုးဆံပင်တွေ ဖြီးသင်ပေးနေခိုက်
ငါ့ရဲ့ တော်စီးဖိနပ်ကို ကြိုးတပ်ပေးခဲ့တာ
ဘဝရေစက်လို့ခေါ် ရမလား
ဒီကပဲ မှားယွင်းခဲ့ပါတယ်။

၊ ၄ ၊

"ဟစ်တလာ"ကို ငါတို့မချစ်ခဲ့ဘူး
"ရှိတ်စပီးယား"ကို ငါတို့ချစ်ခဲ့တယ်
"မူဆိုလီနီ"ကို ငါတို့မချစ်ခဲ့ဘူး
"မိုဒီဂလျာနီ"ကို ငါတို့ချစ်ခဲ့တယ်
"စတာလင်"ကို ငါတို့မချစ်ခဲ့ဘူး
"ယက်ဖတူရှင်ကာ"ကို ငါတို့ ချစ်ခဲ့တယ်။

ROSE, 1985

1.

At a certain café in New York City
If you happen to leaf through this page
The poem is dedicated to you,
Bold Rose, swelling with petals.

2.

I have often taken
a stroll
On your burgundy lips
The humid breeze
Between
Your tongue
Your teeth
How can I forget
The scent of grapes it carried.

3.

As I combed your drenched hair
You laced up my jungle boots.
Shall we call it a predestined meeting
Between water drops of life?
Many wrongs have since occurred.

4.

We didn't love Hitler.
We loved Shakespeare.
We didn't love Mussolini.
We loved Modigliani.
We didn't love Stalin.
We loved Yushchenko.

၊ ၅ ၊

"ကိုလံဘတ်(စ်)ရေ
"ကိုလံဘတ်(စ်)ခင်ဗျား
မမြင်နိုင်တဲ့ ကံတရားက
ငါ့ သူမကို "အမေရိက"မှာ ပစ်ချထားခဲ့ပေါ့။

၊ ၆ ၊

"ပုဇွန်တောင် ရေကျော်"မှသည်
"မျှောက်အမေရိက"ဆီသို့
ငါ့ရှင်မတောင်သနပ်ခါးနဲ့ကလေး
ဖြတ်ပြေးသွားပါပကော။

၊ ၇ ၊

ကမ္ဘာကြီးကို
မြင်းတစ်ကောင်လို စီးနေတဲ့
ကောင်းဘွိုင်တွေရဲ့ နယ်မြေမှာ
မင်း အယားမပြေနိုင်ဘဲ နေလေမလား။
သွေးဆူလှုပ်လွယ်တဲ့
ကောင်လေးတစ်ယောက်ရဲ့ ပုံရိပ်ကို
ဂီစကီဖန်ခွက်ထဲကပဲ ကြည့်နေမလား။
အမေရိကန်ပြည်ထောင်စုရဲ့
အစိုးရရုံးပိတ်ရက်တွေမှာ
မင်းဘယ်လိုများ နေရှာမလဲ
မသေခင်
ပြန်တွေ့ခဲ့ကြရင်
ဘယ်က ဘယ်လို နှုတ်ဆက်ရမလဲဟင်။

၊ ၈ ၊

တမာပင်အောက်က
ဖျိုင်းတောင်ဆန်တဲ့ ငါ့ဝိညာဉ်ဟာ
"အပါရီ"ရက်အင်ဒီးယန်းတွေရဲ့ ဇာတိမြေ
မင်းအခြေစိုက်နေထိုင်ရာ အနောက်ဘက်ဒေသဆီ
ချီတက်ခဲ့ပြီပေါ့ "နင်းဆီ"။ ။

5.

Columbus!
Columbus!
I couldn't have predicted her plight
How my Rose walked the American plank.

6.

My fragrance of Shinmadaung *thanaka,*
Has just hurried
From Pazuntaung Yekyaw
To North America.

7.

Will your itch be relieved
In the land of cowboys
Riding the world like a horse?
Will you be gazing
At the image
Of a sensitive boy
From a whisky glass?
What will you be doing
During the American holidays?
How will we greet
One another
Whenever we meet?

8.

From beneath the tragacanth tree
My soul, like the feather of a paddy bird, is marching
Towards the native land of the Apaches
Towards the Wild West, wherever you are.

Translated by ko ko thett & James Byrne

ဗီရာ

" မင်းနာမည် ဘယ်သူလဲ"

" ဗီရာ"

" မင်းအမေက..."

" အကာလညရဲ့ ဒုတိယမာတိကာ"

" မင်းရဲ့အဖေ..."

" ရန်သူ"

" ကိုယ်တွင်ထင်ရှားသည့် အမှတ်သား"

" ဘယ်တော့မှ မကျက်နိုင်တဲ့ ဒါဏ်ရာ"

" မင်းရဲ့ ဇာတိ"

" စစ်ပြေးလမ်း"

နျူကလီးယား ပန်းခင်းထဲမှာ

ငြိမ်းချမ်းပါစေ

အာမင်။

ပုံပြင်

အခု မင်းအသက် (၂၆)
ဘာမှမမဖြစ်သေးဘူး။

VERA

'Your name?'

'Vera.'

'Your mother…?'

'The second contents page of a pitch-black night…'

'Father…?'

'Enemy.'

'Distinguishing features?'

'A wound that will never heal.'

'Birthplace?'

'The flight path from war.'

Peace be with you
in the nuclear garden.
Amen!

Translated by ko ko thett

STORY

You're twenty-six now,
Perfect.

နောင်လာမယ့် အနှစ်(၂၀)ကျ
ခွကျကျ မိန်းမကြီးတစ်ယောက်ဖြစ်လာ
ဗိုက်မှာ အဆီစုလာ
ပါးစပ်က ချစ်တောက်ချစ်တောက်
ကိုယ်ပေါ်က အလှတွေ ပျောက်သွားလို့
နုပျိုမှုတွေ မကျန်တော့လို့
ငါ့ အချစ်လျော့မှာကို မင်း စိတ်မပူပါနဲ့။

ငါတို့ အချစ်ကိုလည်း ကမ္ဘာကမသိ
ရှိမိယို့နဲ့ ဂျူးလိယက်လောက်လည်း
ငါတို့ နှစ်ယောက်အချစ်က ဂုဏ်ဝင်မြောက် မလှပ
ငါတို့ စီးနင်းခဲ့တဲ့ သင်္ဘော်ကလည်း
တိုက်တန်းနစ်ထက် ပိုနစ်ခဲ့လေတော့
ငါတို့ပုံပြင်က
ငါတို့သမုဒ္ဒရာနဲ့မှ အံဝင်ခွင်ကျ
ငါတို့ နစ်မြုပ်ခဲ့ချိန်များ။   ။

လဆုတ် ည

ရုပ်မြှုပ်နာမ်ထား ကမ္ဘဏီမှာ
အခစားဝင်လုပ်နေကြတဲ့ အစိမ်းသဘက်တွေ
အမြိတ်အစွန်း တွက်ချက်နေတဲ့ ည
လဆုတ်ည။

ရမ္မက်ကြီးတဲ့ အောက်လမ်းသမားတွေ
အပျိုစင်အုတ်ဂူကို ဖောက်ထွင်းနေတဲ့ည
လဆုတ်ည။

တစ်ပွဲစားနဲ့ တစ်ပွဲပြန်တွေ
ရှမ်ပိန်ပုလင်း ဖောက်သောက်နေတဲ့ ည
လဆုတ်ည။

In twenty years time
You'll be an big eccentric lady,
A pesterer with a fattened tummy.
Disappearing, your shapeliness
So too your youthfulness!

Fret not,
My love will remain unshakeable.

The world has no idea about our romance
(Which is no classic, like Romeo and Juliet).
Our ship was sinking faster than the Titanic,
Our story was cut out for our own ocean

How we drowned. Happily ever after.

Translated by ko ko thett

MOONLESS NIGHT

in the company of matter over mind
ghosts working as wage-earners
are churning out the profits –
moonless night

greedy sorcerers
break into a virgin's tomb –
moonless night

enjoy one feast
return from another
they're uncorking champagne –
moonless night

မြွေတစ်ကောင်ရဲ့ ပါးပျဉ်းထဲမှာ
တစ္ဆေတစ်ကောင်ရဲ့ သီချင်း ရှိတယ်
အရှက်မတက်ခင်
အရိုးတွန်သံ ကြားကြရမယ့် ည
လဆုတ်ည။

ရှင်သူတွေ အမွှေဝေပေမယ့်
သေသူတွေ သာဓုမခေါ်နိုင်တဲ့ ည
လဆုတ်ည။

အစွန်းရောက် တောင်ပေါ်မှာ
ကြမ္မာ့ဝင်တဲ့ သိုးတွေ
ယဇ်ပူဇော်ခံကြရမယ့် ည
လဆုတ်ည
ဒါဟာ လဆုတ်ညတဲ့
လပြည့်ည်လို့ ရောက်ရှိလာခဲ့ပြီ။

သူငယ်ချင်း သုံးယောက်

ပရိဘောဂတွေ ချရောင်းခဲ့တာက အစ
မိဘနဲ့ ဝေးခဲ့ရတာ အလယ်
မိန်းမနဲ့ ကွဲခဲ့ရတာ အဆုံး
ဘာမှ ဝမ်းနည်းစရာ မရှိပါဘူးလို့
သဘောသားတစ်ယောက်က ဖျောင်းဖျတယ်။

နွေတစ်ရက်မှာ
ပက်လက်ကလေး လန်သွားတဲ့ ပိတောက်အတွက်ရော
ဆောင်း ဇတ်စင်ပေါ် က
မှုဆိုးမလေး "နှင်း" နဲ့
မြောင်းထဲ ထိုးဆင်းသွားတဲ့ "မိုး" အတွက်ပါ
ကိုယ့်ကံတရားနဲ့ ကိုယ်ပါလို့
စီးပွားရေးသမား တစ်ယောက်က ပြောခဲ့တယ်။

in the hood of a snake
is the song of a ghost before dawn
you will hear it when the bones crow –
moonless night

the living call out their approval
the dead cannot say 'aye' –
moonless night

on the steep hill
unfortunate sheep
shall be sacrificed –
moonless night

moonless night
full moon night

Translated by Maung Tha Noe & James Byrne

THREE FRIENDS

selling off furniture in the beginning
parting with parents in the middle
separated from a wife in the end
there's nothing to feel sorry about
a sailor friend comforts

for the *pitauk* that
falls on its back
one summer day
for the widow snow
that exits from winter's stage
for the rain that falls headlong
into the ditch

အသက်ကြီးလာလို့ဖြစ်ဖြစ်
အလုပ်အကိုင် အပေါက်အလမ်း မတည့်လို့ပဲ ဖြစ်ဖြစ်
စိတ်ကျရောဂါ ဝင်ရတာ
လောကကို အကောင်းမြင်တတ်ဖို့ပဲ လိုသတဲ့
ဆရာဝန် တစ်ယောက်က ရှင်းပြတယ်။

ဟော ...
အခုတော့
စီးပွားရေးသမားက မြှောင်းထဲကျ
ဆရာဝန်က စိတ်ငြိမ်ဆေးတွေ မိုဝဲနေရလို့

သဘော်သားကတော့
ပရိဘောဂတွေ ချရောင်းဖို့ ကြိုးစားနေလေရဲ့။

it's just your fate
the economist remarks

whether you grow old or
you have failures in business
to get depressed
you need to have an optimistic view
of the world
a doctor explains

look
now
the economist falls into the ditch
the doctor is taking tranquillisers
and the sailor
is trying to sell off his furniture

anslated by Maung Tha Noe

MOE WAY

PHOTO: CRAIG RITCHIE
http://craigritchie.co.uk

MOE WAY (b. 1969) was born in a hamlet in the Ir-
rawaddy delta and now lives in Rangoon. He made
his literary debut with a short story in *Moewei* maga-
zine in 1991. In 1994, his first collection of poems *The
Length of a Wavy Hair* was published, followed by
The New Form of Life (2002) and *Now He's Rough, Now
He's Soft* (2009). Considered a lynchpin in Burmese
literary circles, Moe Way runs The Eras, a leading
Burmese poetry press based in Rangoon that focuses
on the publication of modern writers, mainly Burmese
poets inspired by L-A-N-G-U-A-G-E poetry. Along-
side Zeyar Lynn (who he has published, along with
Khin Aung Aye), Moe Way has had a major impact
on developing post-modern poetic forms into the
Burmese language. 'The post-modern condition is
not just Western, what's happening here is also post-
modern', he says.

ကိစ္စရှိရင် အခြားအခန်းကသွား

သမိုင်းစာအုပ်တွေထဲက ကိုရီးယားစစ်ပွဲအကြောင်း
သင်ကြားနေတဲ့ မျိုးဆက် ပါးစပ်အဟောင်းသားတွေနဲ့
တချို့က စိန်ခေါ်မှုလှိုမြင် တချို့က ဒါ ရူးသွပ်တာ
ကယ်တင်ခြင်းအသစ် မျက်မှန်ဆီမျက်လုံးဟာ စိုက်ငေးဖောက်ထွင်း
ဘဝဆိုတာ မိုးရွာထဲမှာ၊ လက်သည်းကွင်းထဲမှာ၊ တစ်လိုင်းပြီးတစ်လိုင်း
အိမ်းနေတဲ့ ဘာသာစကားများ၊ ဘယ်သွားကြမှာလဲ၊ လမ်းကြောင်းမျဉ်းထဲမှာ
နတ်မြင်းပျံကြီးစီးလို့၊ ပန်ချီကားထဲက ပန်းခြံထဲ လမ်းလျှောက်လို့
ရုပ်တုတစ်ခုလို ပလာကျင်းလို့၊ လက်ထဲဆေးလိပ်ညှုပ်ပြီး
ပါးစပ်ထဲလက်ထည့်လို့ မျက်မှန်ကိုင်းပေါ် ကနေ
ငါတို့ဟာ ဘယ်သူတွေလဲကို ကျော်ကြည့်
ကြမ်းပြင်ပေါ် မှာ အတုံးအရုံးအိပ်မောကျရှုံး
အိမ်ပေါက်ဝတိုင်းကို လိုက်ခေါက်နေတဲ့ ပုံဝတ္ထုထဲမှာ
ငါတို့ အချိန်တွေကို ငါတို့ပဲ ထုတ်လုပ်တာ
ဒါကြောင့် ငါတို့ကြောပြာတွေအများကြီးရဖို့လိုတယ်
မန်ချက်စတာပြကွန်ဒိန်း၊ လန်ဒန်တံဆိပ်ဗီရို၊ ဇူးရစ်စားပွဲ၊ ဗီယင်နာစက်လှေ
မျုးနစ်ရုပ်မြင်သံကြား၊ မော်စကိုးဦးကွက်ရုပ်၊ နယူးယောက်ကုလားထိုင်
အိုဆာကာ မီးအုပ်ဆောင်း၊ ရုန်ဟိုင်းမီးနူး၊ မနီလာကုတင်၊ ဟောင်ကောင်ခေါင်းအုံး
ကရာချိကလာတဲ့ခြုံစောင်၊ အစ္စလာမာဘတ်ဖိနပ်တစ်ရံ
ဘန်ကောက်ကလာတဲ့ ခြေသုတ်ခုံ၊ ဒိုဟာမြို့က ဆုဖလား၊ အေသင်ဖန်ခွက်၊
ကိုင်ရိုမြို့က အိပ်ရာခင်း၊ ဆစ်ဒနီထုတ်မဂ္ဂဇင်းများ
အခွင့်အရေးများမှာ ကြိုဆိုပါတယ် ဘယ်သူမဆို
ဘဝအပေါ် ဒေသတွင်းစမ်းသပ်ပျော်ရွှင်မှု၊ ပုဂ္ဂလိက စမ်းသပ်ကိုးကွယ်ယုံကြည်မှု
နာကျင်မှုရဲ့လှျို့ဝှက်ချက်ဟာ အကျပ်အတည်းဆီ
ဘယ်သူအတွက်အရေးပေါ် ဒလက်များ၊ သေဇောင်စက်မှုပင့်သက်များ
အတိတ်မှလွတ်မြှောက်ဖို့ဟာ အရိပ်ရှည်ကြီးပဲ
သူ့ကို မင်နီနဲ့ဝိုင်းပြထားတယ်
မင်္ဂလာပါခင်ျာ၊ ကြိုဆိုပါတယ်။ ▪

IF YOU NEED TO PISS, GO TO THE OTHER ROOM

With their mouths agape, the generation who are learning
The Korean War from history books
Some call it a challenge, others insanity
The piercing eye through the spectacles of the new salvation
Life in the downpour, in the square nail, line after line
Languages age, where do we go in traffic lanes
Riding Pegasus, strolling in the park canvas of a painting
Just like a nude statue, cigarette between our fingers
Hand in mouth, over the frames of reading glasses,
We overlook who we are
One after another
Falling down prostrate on the floor
In a fable knocking door-to-door
We manufacture our time
Let's run more and more advertisements
Manchester calendar, London bureau, Zurich desk, Vienna
                                                    motorboat
Munich television, Moscow matryoshka, New York chair
Osaka lampshade, Shanghai menu, Manila bed, Hong Kong pillow
Karachi comforter, Islamabad boots
Bangkok doormat, Doha Cup, Athens glass,
Cairo bedspread, Sydney magazines
Anyone is welcome to the land of opportunity
Local life probing and pleasuring
Personal probing and personal worship
The classified file of pain opens on the crisis
The emergency propellers, the mechanical sigh as a last breath
The escape from history in the form of a long shadow
That man has been marked in red
Mingalaba, Welcome.

Translated by ko ko thett & James Byrne

ဝင့်လိုက်တတ်တယ်မောင်မောင်သတိထား

အားလုံးကို ကိုယ်စားပြုဖို့ ရောက်လာတာပါ
နေမကောင်းတဲ့ကြားက မိုးသက်မုန်တိုင်းထဲ ဆင်းခဲ့တာပါ
ကျွန်တော် ဘာကိုမှ မမျှော်လင့်ပါဘူး
ဒီစေတနာအရင်းခံလေးသိရင်ပဲ၊ နားလည်ကြရင်ပဲ
ကျွန်တော်က၊ အများကိုယ်စားပြုကျွန်တော်က
ကျေနပ်မှာပါ၊ ဒီအထဲမှာ တချို့ကတော့
ကျွန်တော့်အပေါ် တစ်မျိုးအမြင်တွေ ရှိကောင်းရှိမှာပါ
ဒါပေမဲ့၊ ဒါတွေအကုန်လုံး ပြေလည်အောင်တော့
မဖြစ်နိုင်တာ ခွင့်လွှတ်ပါ၊ တကယ်ဆိုအခုကျွန်တော့်မှာ
ကိုယ်ကျိုးအတွက် ဘာများလုပ်ဆောင်နေလို့လဲ
အားလုံးအမြင်ပဲလေ၊ အတတ်တစ်ထည်ကိုယ်တစ်ခုနဲ့
မိုးထဲလေထဲ ကျွန်တော်ရပ်နေတာ အားလုံးအမြင်ပဲ
မြင်နိုင်အောင်ကြိုးစားကြစမ်းပါ၊ ကျွန်တော်ဟာ
ဘယ်တော့မှ ခင်ဗျားတို့အပေါ် သစ္စာမဖောက်ခဲ့ဘူးဆိုတာ
တကယ်တော့ ဒီအလုပ်ကို၊ ဒီကိုယ်စားပြုအလုပ်ကို
ကျွန်တော်က လုပ်ချင်လွန်းအားကြီးလို့ လုပ်နေတာမဟုတ်ပါဘူး
ဒါ ကျွန်တော့် မွေးရာပါဝါသနာလိုဖြစ်နေတဲ့အတွက်ကြောင့်သာ
ကျွန်တော့်ဘဝက ကျွန်တော့်ကို အများကိုယ်စားပြုဖို့သာ
ပြဋ္ဌာန်းလိုက်တဲ့အတွက် အခုခင်ဗျားတို့ရှေ့မှောက်မှာ
အထင်မှားခံ၊ အစီးအနင်းခံရောက်နေတာပါ
တချို့ကျွန်တော့်ကို အမြင်မကြည်တာတွေ
ရှိကောင်းရှိမယ်ဆိုတာလည်း ကျွန်တော်သိတာပေ့
ဒါတော့ မတတ်နိုင်ဘူးဗျာ၊ အများအတွက်လုပ်တာပဲ
အများအကျိုးအတွက် လုပ်နေတာပဲ
ကျွန်တော့်မှာ အားလပ်ချိန်ဆိုတာ ဘာလုပ်မှန်တောင် မသိပါဘူး
စိတ်မဆား လူမအား အများကိုယ်စားပြုလုပ်ရတာ
စေတနာအရင်းခံပါ၊ ဘာကိုမှ မမျှော်ကိုးပါဘူး
ဒါကြောင့်ကျွန်တော် လိပ်ပြာသန့်ပါတယ်
ဒါကြောင့်ကျွန်တော် လုပ်စရာရှိတာ ဆက်လုပ်သွားမှာပါ
ကျွန်တော့်အတွက်ပြဋ္ဌာန်းထားတဲ့ ဘဝအဓိပ္ပါယ်ကို
မမှိတ်မသုန် ဆက်လက်အကောင်အထည်ဖော်သွားမှာပါ
ယုံပါ၊ ယုံပါ၊ ကျွန်တော့်ကို ယုံပါ၊ ကျွန်တော်ဟာ အများကိုယ်စားပြုပါ။ ။

WATCH OUT MAUNG MAUNG (THERE IS SUCH A THING AS RETRIBUTION)

I am here to represent everybody
I arrived through the tempest
Despite my infirmities
I do not expect anything
I, the delegate of the majority, would be gratified
If only you knew my goodwill, if only you understood me
Some of you may hold certain reservations
Forgive me for not being able to wrinkle out all the differences
What have I really done to serve myself
As you see me now, I stand alone
All alone, exposed to the weather
Please try to understand me
I have never betrayed you
In fact I am doing this not because
I am too much into the business of representing you
I am doing this just because it is my inherent hobby
Life has dictated me to represent the majority
That's why I am standing here in front of you all
Just to be misinterpreted, just to be walked on
A few of you may have developed prejudices against me, I know
But I am sorry, I work for the majority
Pleasure is not even part of my leisureliness
Both my soul and my body are very busy representing the majority
From my position of genuine goodwill
I do not expect anything in return
With a clear conscience
I continue to do what I have to do
I, the chosen one, am determined to realize
My true calling, the purpose of my life
Trust me, trust me, please, trust me
I represent the majority.

Translated by ko ko thett

ဘောင်ထဲက ကြောင်များ

မနေ့က သူ့နဲ့ကုန်သည်ကြီးများဟိုတယ်
ဆိုနီ HD Revolution ပြပွဲ သွားကြည့်ကြတယ်
မသွားခင် သူ့ဆီ ဖုန်းဆက်သေးတယ်
ကျွန်တော့်မှာ ခင်ဗျားရဲ့ ဘန်းစတိုင်းန် ကဗျာစစ်ဆေးချက်တစ်ခု
ရှိနေတယ်၊ သွားပို့လိုက်ရမလား၊ ပြန်ဖတ်ဦးမလား၊ လာခဲ့လေ၊
စက်ဘီးဖိုးလည်း ပေးရဦးမယ်၊ ကျွန်တော့်ကို သတိပေးဦးတဲ့၊
အဲဒီတိုင်ခင် ဖုန်းထဲကလည်း သူ့ကို နောက်လိုက်သေးတယ်
MOGE ရုံးက ဦး... နဲ့စကားပြောချင်လို့ပါ
ဦး... တော့ဟုတ်ပါတယ်၊ MOGE ရုံးတော့ မဟုတ်ပါဘူး
ကျွန်တော်ပါ၊ ခင်ဗျားလား၊ ခင်ဗျားမရှိတော့ဘူး သေပြီ၊
အခု ဘာလုပ်နေလဲ မေးခွန်းကို သူ ဖြေပုံကိုတော့
ထည့်မရေးတော့ဘူး၊ ဒါ ဒီဟိုတယ်ကို ပထမဆုံး ရောက်ဖူးတာ
ကာထားတဲ့ မှန်ပြင်ကြီးကိုဖြတ် ဆူးလေလမ်းကို ကြည့်လိုက်တော့
ကားတွေ၊ လူတွေ၊ တိုက်တွေ ပြေးလွား ရပ်နေကြတယ်
အသံတိတ်ရောင်စုံ ရုပ်ရှင်ကားတစ်ကားပါပဲ
ပြခန်းထဲရောက်တော့ ဂုန်းဒိုင်းကြိုနေတဲ့ စပိုက်ဒါမန်းနဲ့တွေ့တယ်
တစ်မြို့လုံးကို တစ်ယောက်တည်း လိုက်ကယ်နေတယ်လို့
သူက ရယ်ရင်းပြောတယ်၊
အခန်းက အေးတယ်၊ သက်တောင့်သက်သာရှိတယ်
ဈေးနှုန်းတွေက ကိုးသိန်းကိုးသောင်းကိုးထောင်၊
ကတ်တလောက် တစ်ယောက် နှစ်စောင်ပေးတယ်၊

ပြသထားတဲ့ စက်ပစ္စည်းတွေ တဂိုက်
ဂိုက်လိုက်ရှုံကလေးဒွေပြီး အခုပြသနေတဲ့စပိုက်ဒါမန်းကိုပဲ
ထိုင်ကြည့်နေလိုက်ကြတယ်၊ ဒါကိုပဲ အကြောင်းပြခဲ့တယ်
ဒီကိုပဲ ရောက်လာတယ်၊ ဒါပေမဲ့ သူက ဒီကိုလည်း မဟုတ်ဘူး၊
အပြင်ထွက်ချင်နေတာ
သူ့ကိုယ်ထဲကကို ထွက်ချင်နေတာဆို ပိုနီးစပ်မလားပဲ၊
ဒါနဲ့ကုန်သည်ကြီး ထဲက ထွက်ခဲ့ကြပြီး
ကုန်သည်လေးတွေ ရှိတဲ့ဘက်ဆီ ရောက်ခဲ့ကြတယ်

MISFITS WITHIN LIMITS

Yesterday, I went with him to the Traders' Hotel
To see the SONY HD Revolution Exhibition.
I'd phoned him beforehand:
'I have your translation of Bernstein's 'A Test of Poetry'.
Shall I send it to you? Do you want to read it again?'
'Why don't you come over? I owe you money
For the bicycle. Don't let me forget', he said.
Before, I'd teased him on the phone:
'May I speak to Mr._____ from MOGE?'
'Mr._____ speaking. But not MOGE.'
'It's me. Is that you? You're not there any more.
You mean you're dead?'
I can't write the unprintable things he said
In response. It was my first time at that hotel.
I stared at Sule Road through the huge glass wall.
I saw cars, people and buildings, hurrying and stationary.
A silent movie in colour.
We bumped into Spiderman full throttle in the exhibition.
'A single man saving the whole city' he said, laughing.
The hall was comfortably cool.
Prices began at 999,000.
We were given two catalogues each.
After a quick tour of the hall to view
The latest techno gadgets on display, we sat down to enjoy
Spiderman. To see the show.
That's why I was here. But he was not like that.
He wanted to escape.
More accurately perhaps, he wanted to escape himself.
So shortly after, we left the Traders' in search of smaller merchants.
We looked for a cold drink kiosk where we had once sat
Looking at the road from the road.

Note: MOGE stands for the Myanmar Oil & Gas Enterprise. In the context of the poem, Moe Way is alluding to how many people, companies, or even Ministries, share the same number in Rangoon.

လမ်းပေါ်ကနေ လမ်းပေါ် ကိုကြည့်ဖို့ တခါက ထိုင်ခဲ့ဖူးတဲ့
အအေးဆိုင်လေးကို ရှာကြတယ်၊ ရှာနေရင်း

သူက ဒူးအရှုတ်စုတ်ထားလို့ ခုံပုလေးတွေမှာ
ထိုင်ရထရတာ ခက်တဲ့အကြောင်း ပြောဖူးတာ သွားသတိရသေးတယ်
အဲ.. နေဦး မွေနေလို့ အခုရောက်နေတာ ရွှေဘုံသာလမ်းပေါ်မှာ
ဒါနဲ့ ဂျေဒိုးနပ်ထဲဝင်ပြီး အအေးသောက်ကြတယ်
ကဗျာစစ်ဆေးချက်ကိုစွ ပြန်ရောက်လာတယ်၊
ဒီအတိုင်းပေးလိုက်ရင် ကိုယ့်အချင်းချင်းတော့သိတယ်၊
ဖတ်သူတွေအတွက်ဆိုပြီး သူထပ်ဖြည့်နေတယ်၊
အမေရိကန် ကဗျာလမ်းကြောင်းကိုသိမှ
ဘန်းစတိုင်န်တို့ ဘာလုပ်နေတယ်ဆိုတာ သိမယ်၊
ဒီအကြောင်း ချင်းတွင်းမှာ
လေးငါးမျက်နှာလောက် ရေးလိုက်ရင် ကောင်းမှာပဲ၊
ပြီးမှ ဖြုတ်သူ့ ကဗျာလမ်းကြောင်းဆီ သွားရမယ်၊
သူ့ကိုလည်း ဒီလိုပဲ နားမလည်ကြတာပဲ ဖြစ်မယ်လို့ပြောတယ်၊
ဟော့လူ ဘယ်လောက်ရှိပြီလဲ၊ သုံးနာရီကျော်ပြီ၊
ဒါနဲ့ထပြန်လာကြပြီး သူ့ကပြောတယ် ဒိုးပြီ၊
ကျွန်တော်က ပြောတယ် သွားပြီ၊
နေဦး နေဦး သူ့ပြောသွားသေးတယ်၊ ပေါ့ပ် ကို ကြိုက်လို့ မရေးသေးဘူး၊
လက်ခံတယ်ဆိုလား၊ ဒါကို တစ်လိုင်းလိုင်းထဲ ဝင်ဖြည့်လိုက်ကြပါဦး
လိုင်းတိုင်းတော့ လူတိုင်းမှာ ရှိကြတာပါပဲ မဟုတ်လား...။

တောင်အာဖရိကရှိုးရာ ဘူဘူဇီလာ

ငါဟာ မင်းတို့ပဲ
ငါတို့သီချင်းဆိုတယ်
ငါတို့ ကတယ်
ငါတို့ခိုးယူသုံးစွဲကြတယ်
ကြေးမုံနက်အသွင် ငါတို့ပုံရိပ်တို့
အဲဒါ တကယ့်ဘဝလား
အဲဒါအရမ်းချ၍မြန်တယ်
ရှခင်းရဲ့ လျှောစောက်ထဲမှာ
ငါတို့ တကယ့်အဖြစ်က လွတ်မြှောက်နိုင်ပြီ
အံ့ဩစရာ နေ့များတလျှောက်

While we were looking, I remembered what he'd told me.
It wasn't easy to sit on a low stool with his knee injury.
'Wait a minute… now we're on Shwebontha aren't we?'
So we ended up in J Donuts with a cold drink.
We returned to his translation of 'A Test of Poetry'.
'If I hand it in to the editor as it is, he'll understand it.
But I want to explain it better for the readers.
You need to understand trends in American poetry
To understand what Bernstein and others are doing.
I should write 4 or 5 pages on this for Chindwin.
Then we can move on to trends in British poetry.
People don't understand that either', he said.
'Hey, what time is it mate?'
'Gone three'. We got up to leave.
'I'm outta here" he said. 'I'm off' I replied.
Wait a minute, there's one more thing he told me:
'I haven't learned to enjoy Pop but I can take it'.
Or something like that. Hey why don't we fill it in
One line or another.
After all, everyone has at least a line to fill, don't they…?

Translated by ko ko thett & Vicky Bowman

VUVUZELA

I am you
We sing
We dance
We bootleg
Our image reflects on a black mirror
Is this really life?
It's very sweet
To scenic slopes
We can escape
On the path of astonishing days

မော်တော်ကား ဆီစာအုပ်ဆိုတာ အရင်တုန်းက မရှိမဖြစ်ပေါ့ ဆိုသလို
အခု ငါတို့ကို ကားဆီစာအုပ်လို ပစ်လိုက်လို့ရ ပယ်လိုက်လို့ရ
နေလို့လည်း ရပါတယ် သူငယ်ချင်း ပျော်သလောက်နေပါ
ငါတို့အတွေးတွေ မပြောင်းရသေးခင်အထိ မင်းနေလို့ရပါတယ
ငါတို့ကလား
မသိသေးပါဘူးကွာ မလောင်ခင် မပြိုခင်
ရုပ်ဆွေရုပ်မျိုးတွေလာရင်
ညဉ့်မခံလိုက်ရမှာ တာဝန်မကျေမှာ
လမ်းထဲကို ပေကျိုးတွေနဲ့ ဝင်လာမှာ
လမ်းထဲကို မြို့ပြောင်းထရပ်ကားတွေ ဝင်လာမှာ
ငါတို့တွေ စိုးရိမ်တကြီး ဘူဘူဇီလာတွေ မှုတ်ကြ
ငါတို့တွေ တည်ရှိနေကြောင်း ဘူဘူဇီလာတွေ မှုတ်ကြ
ငါတို့ဟာ မင်းတို့မင်းတို့အတွက်ပဲ
မင်းတို့ကတော့ ငါတို့မဟုတ်ကြပါဘူး
ငါတို့ဟာ ပါးပြင်မှာ နဖူးမှာ ဦးခေါင်းမှာ
ဆေးရေးခြယ်ခံထားရတဲ့ ရောင်စုံအလံတွေ
တစ်နေ့ချက်ပြယ်သွားရမယ့် ရောင်စုံအလံတွေ
အများပြည်သူနဲ့ဆိုင်တဲ့အဆောက်အဦတွေ
ရှောပင်းမောလ်တွေ၊ ရှောပင်းစင်တာတွေ၊ ကျောင်းတွေ
အဆင့်မြင့်ဘောလုံးကွင်းတွေ ဘူဘူဇီလာတွေ
မှုတ်ကြ မှုတ်ကြ သံပုံးတီးပြီး တောခြောက်သလို
တစ္ဆေသရဲတွေ မနောင့်ယှက်နိုင်အောင်
ငါတို့ဟာ မင်းတို့မဟုတ်ပါဘူး
ငါတို့ဟာ တောင်အာဖရိကတွေ
ငါတို့ဟာ လွတ်မြောက်ရေးခရီးရှည်မင်ဒဲလားတွေ
ငါတို့ဟာ 2010 ကမ္ဘာ့ဖလားတွေ
ငါတို့ဟာ ဘူဘူဇီလာတွေ
ငါ လဲကျသွားတယ် လဲကျနေလျက်က ဘူဘူဇီလာ မှုတ်တယ်
ငါတို့ကို ပြည်သူ့တရုတ်ပြည်က ထုတ်လုပ်တယ်။ ။

The petroleum ration book for our cars was indispensable
Now we ourselves are proscribed
Like petroleum ration books
Friends
You can stay here as long as you want to
You can stay here as long as our ideologies are impervious
I don't know about ourselves yet
Before the fire breaks out, before the collapse
When unrelated relatives arrive
I fear being inhospitable and irresponsible
They are entering our streets with measuring tapes
They are moving into our streets in removal vans
We begin to blow vuvuzelas, anxiety-toned
We blow our existential vuvuzelas
We are you for you
You are not us
We resemble the multicoloured flags
Painted on our cheeks, on our foreheads, inside our heads
Flags that will demast someday
We resemble the public spaces
The shopping malls, markets, schools
On the finest football pitches
We blow and blow vuvuzelas
We bang the tin drum to ward away
The evil apparitions
We are not you
We are South Africans
We are Mandelas on our *long walk to freedom*
We are 2010 World Cups
We *are* vuvuzelas
I fall flat on my back
Still blowing my vuvuzela
Seeing its inscription:
Made in the People's Republic of China

Translated by ko ko thett & James Byrne

စာကြည့်တိုက်နှင့် ပြတိုက်နှင့်

အဲလ်ဖရက် နိဘယ်ဟာ သူ့ဖျက်အားပြင်းလက်နက်တွေအတွက်
သူ့နာရေးသတင်းကို သူမသေခင် ဖတ်သွားရတယ်၊
မောင်ချောနွယ်ဟာ သူ့နာရေးသတင်းကို
သူ့ကဗျာတစ်ပုဒ်ထဲမှာ သူကိုယ်တိုင်ထည့်သွင်းဖော်ပြခဲ့တယ်၊
အခြားသူတစ်ယောက်က
အသက် ၈၅ နှစ်အရွယ် အဘိုးအိုပန်းချီဆရာ
တောင်စောင်းက တိုက်ခန်းတစ်ခုမှာ သူ့ဇနီးနဲ့နေပါတယ်
သူ့ညည့်ခန်းထဲမှာ
"မြေနီကုန်းညဈေး" ဆိုတဲ့ပန်းချီကားအထပ်လိုက်ပဲ
သူ့လက်ရာတွေပဲ၊ စုတ်ချက်ကြမ်းကြမ်းတွေနဲ့ ဖမ်းထားတယ်
သူ့ဟာ လွန်ခဲ့တဲ့ နှစ်နှစ်ဆယ်လောက်ကတည်းက
ပြန်လည်ထုတ်လုပ်လာခဲ့တာ၊ ပြဿနာပဲ၊ ဒါ
ကဗျာမှာလည်းဒီလိုပဲ၊ မသိတော့
အဘိဓာန်ထဲက တွေ့ကရာလှန်ကူးထားတာလို့ထင်ခဲ့တယ်
ဟိုးတုန်းက လက်တစ်စုံနဲ့ ဒီကနေ့ကိုလှမ်းဆွဲတယ်
ဒါ အနုပညာမှာဆို ပြန်လည်ထုတ်လုပ်တာပဲ
ဆိုးဝါးတဲ့ ကိုယ်စားပြုမှုပဲ၊
စစ်ပြီးခေတ်တွေဆီပြန်သွားဖို့တော့ ခဲယဉ်းပါတယ်
သို့သော်လည်း ကျောက်ခေတ်တွေဆီလည်း ရောက်သွားနိုင်တယ်
ဟုတ်ကဲ့၊ စစ်ပွဲထဲမှာ နေလို့တော့ရပါတယ်
ဒါပေမဲ့ စစ်ကြီးပြီးတာ နှစ်သုံးဆယ်ကျော်ပါပြီလို့
ကျွန်တော့်ကိုပြောသွားကြတယ်။
သူတို့က ကျွန်တော့်ကိုပြောကြတယ်
မင်းတို့ဟာ ကျောက်ခေတ်ဆီပြန်သွားနေကြတာပဲ
အင်္ဂလိပ်ခေတ် ကုက္ကိုပင်ကြီးတွေအောက်မှာ
လရောင်ဟာ နံရံက ဆေးသားလို့ ကွာကျလို့
လမ်းထောင့်တိုင်းမှာ မြူနီစပါယ်က ရေပိုက်ခေါင်းတိုင်ဟောင်းတွေ၊
စစ်ပွဲပြီးတဲ့အခါ အိမ်ပြန်လာကြတယ်၊ အားလုံးတော့မဟုတ်ဘူး
မှတ်တမ်းတွေအရ တချို့ပို ပြန်လာကြတယ်
အဲဒီမှာ ကဗျာဟာ သူ့အလုပ်သူလုပ်ရတာပဲ
မူရင်းဟာ ဘယ်တော့မှ အမြဲတမ်း စင်ကြယ်မနေဘူး။ ။

SO THE LIBRARY, SO ALSO THE MUSEUM

Alfred Nobel read his own obituary
In the wake of his weapons of mass destruction
Maung Chaw Nwe had written his own epitaph
In one of his poems
In another
An eighty-five-year-old veteran artist
Lives with his wife in a flat on a mountain slope
A pile of paintings titled 'Myaynigone Night Bazaar'
In his living room
All his works are in rough strokes
He has reproduced them
For twenty years or so, it's a problem,
The same in poetry, I didn't know, I thought
Poets copied words from a dictionary
Painting the present with hands from the past
In art this is called reproduction
It is bad representation
It may be difficult to go back to the postwar era
Yet you might end up in the Paleolithic age
Yes, we can live in the battle
But remember, the war has been over for more than thirty years
They have informed me of this
They have told me all about it
You guys are going back to the Stone Age
Under colonial British rain-trees
The moonlight peels off like old paint from a wall
On every street corner, there are rusty municipal water taps
They came home from the war, not all of them
The records inflate the number of returning troops
So it goes, a poem is just doing her job
The original is never pure

Translated by ko ko thett & James Byrne

KO KO THETT

PHOTO: TIMO VIRTALA

KO KO THETT (b. 1972) grew up in Burma, performing poems at school competitions and in town halls. By the early 1990s, he was thoroughly poeticized and politicized at Rangoon Institute of Technology. In 1996 he published and clandestinely distributed two uncensored chapbooks on the campus, *The Rugged Gold* and *The Funeral of the Rugged Gold*. He left the country in 1997 following a four-month detention for his role in the December 1996 student uprising in Rangoon.

ko ko thett's translations and poems have been featured in leading literary magazines, from *Modern Poetry in Translation* to *World Literature Review*. His first collection in English, *the burden of being burmese*, is in the making. His poems appearing in this anthology were translated back into Burmese by himself, Pandora and Khin Aung Aye.

ko ko thett studies and works at the Institute for Development Studies, University of Vienna.

(အမွေ့အိပ်မက်မြစ်ဆုံတွင်) ရွှေ့ကျင်ခြင်း

ပြောင်းရရွှေ့ရပြန်ပြီ
ခရီးတွေကို မပြီးငွေ့ကြသေးဘူးလား
ရွှေဝါငါးကြင်းအကြေးခွံရောင်လိုတောက်နေတဲ့ တိမ်စိုင်မွှာတွေ
စပါးကြီးမြွေတစ်ကောင်ရဲ့ ရစ်ပတ်မှုမှာ မလုံခြုံရင်
မြက်လျှောမြွေတစ်ကောင်ကိုသာ အမြီးဆွဲဖမ်းကစားကြမယ်
အဖေ... သမီးရဲ့ခဲတွေကို တွင်ခုံနဲ့အမြဲချွန်ပေးခဲ့တယ်
အရင်တုံးက ပျော်ပျော်ကြီး ခုံစီးခဲ့ရတဲ့ အဖေ့ပခုံးတွေဟာ
အခုတော့ သမီးရဲ့ကဗျာတွေကို သယ်ပိုးဖို့ ဖွတ်ဆန့်ကျင်နေတဲ့
ပေကပ်ကပ် နွားတစ်ရှဉ်း ဖြစ်နေပြီ

သမီးတို့ဘယ်ကိုပြောင်းကြဦးမှာလဲ
ကျောင်းအသစ်မှာ ကျောင်းသားအသစ် ထပ်မဖြစ်ချင်တော့ဘူး
သူငယ်ချင်းအသစ်တွေ မတွေ့ချင်တော့ဘူး
စကားအသစ်တွေ အမူအကျင့်အသစ်တွေ မသင်ချင်တော့ဘူး
အဆိပ်ရှိမို့ တွေရဲ့ သွေးဆောင်မှုတွေ
ပိုးကောင်တွေ နံကောင်တွေ ကျိုင်းကောင်တွေ
အဲဒါတွေအားလုံး ဒီပုပ်ထဲက ဒီပဲတွေ မဟုတ်ဘူးလား
ပင့်ကူဝဝတွေ၊ စာချောက်ရုပ်ပိန်ပိန်တွေ၊ စာကလေးကြောတွေ
ဖွတ်ပဒတ်တွေ၊ လယ်ကြွက်ကင်တွေ၊ ဂုံဥပျွတ်တွေ
နီးပန်းပေါ် က နေရာတစ်ခုအတွက် ဆီးသီးရိုင်းတွေနဲ့ ရန်ဖြစ်ခဲ့ရတာတွေ
မြတ်စွာဘုရားရဲ့ ဘုန်းတော်ခြောက်သွယ်၊ စံပယ်ပန်းကုံးတွေ
ရှိရှိသမျှ အကုန်ထည့်သိမ်းထားတဲ့ ရင်ဘတ်တွေ
သားဆု တောင်းနေတဲ့ ရင်အုံထွားထွားတွေ
နွားနို့ပုံးတွေ၊ ဗေဒင်ကိန်းခန်းတွေ၊ အိုးမြှမ်းကွဲတွေ
အာဏာပါးကွက်သားတွေ၊ ရယ်ဒီမိုတ်လက်ဖက်ရည်ရဲ့ ရေပန်းစားမှုတွေ
မျိုးဆက်ပွားဝါဒီတွေရဲ့ ရဲတင်းမှုမှာ အဆမတန်တိုးပွားနေတယ်
သမီးတို့ရေကန်တွေထဲက ဗေဒါတွေ လာနောက်နေသလိုပဲ
အားလုံးဟာ မညီမညာမြေမှာ ခုတ်မောင်းနေတဲ့ တတူတူရထားပေါ်မှာ
အမိန့်သံကို လိုက်နာနေရတာ စိတ်မကုန်ကြသေးဘူးလား
ဓာတ်ပြားလိုလည်နေတဲ့ သံသရာစက်ဝိုင်းကြီးထဲမှာ
သမီးတို့ ဘယ်ကိုသွားနေကြတာလဲဟင်

လွမ်းလိုက်တာလေ

မီးကင်းစောင့်ရင်း မီးပုံဘေးမှာ
အိပ်မောကျနေကြသူတို့ရဲ့ ဟာသမြောက်ပုံတွေ

PANNING FOR ALLUVIAL GOLD
(AT THE CONFLUENCE OF HER DREAMS)

moving again
aren't we tired of our travels
the cloudlets, the colour of gold gudgeon scales
don't you find the constrict of a burmese python reassuring
you might as well catch a grass snake by the tail
father, you have always sharpened my pencils with your lathe
your shoulders i used to ride joyously have turned into
a pair of mistreated oxen wilfully refusing
the cart of my muse

where are we moving to
i don't want to be a new student again in a new school
i don't want to meet new friends, learn new patois, new manners
the temptation of poisonous mushrooms
the locusts, the grasshoppers, the stick insects, the crickets
aren't they the same old pulses from the same old wicker baskets
the fat spiders, the skinny scarecrows, the deep-fried sparrows
the chameleons, the grilled farm rats, the boiled quail eggs
fighting with the wild plums for a place on a bamboo tray
the six glories of the buddha, the jasmine strings
the chests containing all we have, the gigantic breasts praying for a son
the milk containers, the horoscopes, the potsherds,
the public executioners, the popularity of instant teas
the effrontery of pronatalist virtues multiplying exponentially
like the water hyacinths plaguing our lakes...
all on the chew-chew train tootling through a tortuous terrain
aren't we fed up with his master's voice
the wind-up gramophone, the life *samsara*
where are we going

how i miss them

droll are the vigilantes
who slumber on fire-watch by the campfire

Note: The six glories of Buddha are lordship (*issariya*), doctrine (*dhamma*), fame (*yasa*), eminence (*siri*), wish (*kama*) and endeavour (*payatta*).

ဝါးလှေခါးတွေနဲ့ ချို့ချို့ငဲ့ငဲ့ဆင်ယင်ထားတဲ့ ထန်းပင်တွေ
သကြၡန်မိုးကိုစောင့်နေတဲ့ ပိတောက်ပန်းတွေ
လေပြည်ညင်းမှာ ယိမ်းကနေတဲ့ စပါးပင်တွေ
ခြေတစ်ချောင်းထောက်ရင်း ငါးကိုစောင့်နေတဲ့ ဗျိုင်းဖြူ နဲ့
ကြက်တွန်သံတွေ၊ ချဉ်ဖတ်တွေရဲ့ စူးစူးရှရှအရသာတွေ
တံစဉ်တွေရဲ့ ရိုက်ခတ်သံတွေ၊ လတ်လတ်ဆတ်ဆတ် ဆေးပေါ့လိပ်နံ့တွေ
ရှေးဦးစဉ်လာတွေရဲ့ အနက်တွေ
ရှေ့ဦးဆံစတွေရဲ့ အနံ့တွေ...

အမေ.. ဘာတွေများတွေးပြီး
ထူးထူးခြားခြား ရေငုံနှုတ်ပိတ်နေ
ကန်တော့နော် - ကန်တော့ပါ အမေ

မြန်မာမှုပြု - ပန်ဒိုရာ

ခါတော်မီ လက်ခုပ်တီးခြင်းနဲ့ ပါးဖြိနားဖြိအပြုံးများ

ထမင်းတစ်လုတ် တုတ်တစ်ချက်၊ ခုမြင် ခု ပျောက်
နေ့ခင်းကြောင်တောင် ထောက်ထားတဲ့ စစ်မြင်းကွက်
ကန့်လန့်ကွက်များ၊ ကိုယ့်အရုပ်ကိုယ် ထိုးကျွေးခြင်းများ၊ ပွဲသိမ်းမြန်ရွှေ့ကွက်များ
အထက်လွှတ်တော်နဲ့ အောက်လွှတ်တော်တို့ရဲ့ ပုရိသချင်း ပုလင်းတူ ဘူးဆို့ဖြစ်နေမှု
ကြွရောက်လာကြတဲ့ လူကြီးမင်းများ၊ ဂုဏ်သရေကြီးမား ဆင်ဖြူတော်များ
ကမ္ဘာ့ကျော် လူ့နောက်မြီးဆွဲများနဲ့ လေးစားအပ်ပါသော စားဖားကြီးများ ခင်ဗျား..
ဟောဒီ အရည်ရွှမ်းပြီး အသားထူတဲ့ ဖရဲသီးလေးအတွက် လက်ခုပ်သြဘာ ပေးကြပါ
သူမသည် မိုင်ပေါင်းများစွာ အမြင့်မှ
မီးပုံးပျံကို ခဲနှင့် လှမ်းပေါက်ခဲ့ပေသည်
သူမသည် ကုန်စည်များကို တော်ဝင်လှေကြီး
တစ်စင်းဖြင့် ပို့ဆောင်ဖြန့်ချီခဲ့ပေသည်
သူမသည် သူမ၏ကြေးရေချိုးကန်ကလေးဖြင့်
ကမ္ဘာ့အနံ့ ရွာလွန်ရွက်တိုက်ခဲ့ပေသည်
သို့ပါ၍ ထိုအပြစ်များအတွက် သူမကို
လေးပိုင်းပိုင်း၍ လေးတိုင်းဝေငှစေရန် အမိန့်ချမှတ်လိုက်သည်
မြို့လည်ရင်ပြင်ဟာ စည်ကား၊ ဘရုတ်သုကခွတွေ များလွန်း
အထက်မရောက်အောက်မရောက်တွေ များလွန်း

the toddy palms poorly dressed in bamboo ladders
the *padauks* waiting for the *thagyan* rain
the rice seedlings dancing *yane* in the breeze
a white heron waiting for fish on just one foot
the crow of the cockerels, the tang of the pickles,
the debate of the sickles, the fragrance of fresh cheroots
the sense of your folklore
the scent of your forelocks...

why are you so strangely pensive, mother
why don't you speak
i entreat you

TIMELY APPLAUSE AND TOOTHY SMILES

now a carrot, now a stick
now you see it, now you don't
a well-hung knight in broad daylight
ranks, gambits, fool's mates, positional plays
upper house and lower house male bonding
ladies and gentlemen, distinguished white elephants
eminent hierophants and esteemed sycophants
a big hand to this succulent and jazzy watermelon
she has hurled stones at hot air balloons miles high
she has hauled cargo with the royal barge, she has
yachted around the world in her porcelain tub
for her peccadilloes, she'll be quartered
the central square is too crowded
too many monkeys, too many middlemen
the hostages are in, the queen is pinned
not all fruits sweeten as they ripen
i am a chilli, you are a lime
other people are bitter gourds

ဓားစာခံတွေက အထဲမှာ၊ ဘုရင်မ အရုပ်က
လှုပ်မရတဲ့အခြေအနေ
မှည့်ပြီဆိုတိုင်း မချိုပါ
ငါက ငရုပ်သီး၊ မင်းက သံပုရာ
တခြားလူတွေကတော့ ကြက်ဟင်းခါး
အင်ပါယာကြီးက ပြန်ကားသထက် ပြန်ကားထွက်လာ
ပြင်လွှန်းလို့ဖင်ချွန်းထွက်နေတဲ့ မင်းဇောကရဖ်
ဥပဒေနံငယ်ပိုင်းနဲ့ တိုင်းသူပြည်သားများ
မတိုးသာ မဆုတ်သာသရေပွဲ

မြန်မာမှုပြု - ခင်အောင်အေး၊ ကိုကိုသက်၊ ပန်ဒိုရာ

မြန်မာဖြစ်ရတဲ့ဒုက္ခ

စိန်ဝယ်ဖို့
လွှစာမှုန့်နဲ့ငါးပိစားပြီး
စုမယ်

ဝါးလုံးခေါင်းထဲသာတဲ့လ
ဝင်းပဲ့ ထိန်ပဲ့
ထင်ကြတယ်

ကောက်ရိုးမီးဆိုတော့
ဝုန်းခနဲတောက်မယ်
ဖြွတ်ခနဲငြိမ်းလွယ်

အမေကျော်လို့
ဒွေးတော်ကို မျှော်ပြန်တယ်

ဘယ်ကီးနဲ့တီးပေးရပါ့
လူများစုကို စီမိုင်နာလား
လူနည်းစုကို ဒီမေဂျာလား
အပစ်အခတ်ရပ်စဲခြင်းကို ဘီဖလက်နဲ့လား
အိုင်ဒန်ဒတီရပ်စဲခြင်းကို ရှီရုပ်နဲ့လား
ညာသံ ကြီးနဲ့ ညှစ်ဆိုလိုက်

the empire is overstretched
the emperor is overdressed
denizens wear nothing but the loincloth
of law, it's no progression, it's a draw

THE BURDEN OF BEING BAMA

it's living on
sawdust and shrimp paste
to save for diamonds

it's being a lustrous luna
in a bamboo tube
thinking 'how dainty i am!'

it's being a haystack fire
flaring suddenly
fading out swiftly

it's aching for the aunt
from the embrace of the mother

what's your key
majority in minor-c or minority in major-d
cease-fire in flat-b or cease-identity in sharp-g
give me a falsetto
let's improvise
no need for harmony

ဖြစ်သလိုတီးကြတာပေါ့
ဟာမိုနီတွေဘာတွေမလိုပါ

ဘာကိုရွေးချယ်ချင်ပါသလဲ
လောဘ၊ ဒေါသ၊ မောဟ
စစ်မရောက်ခင် မြားကုန်ခြင်း
စနစ်မရောက်ခင် ပျက်သုန်းခြင်း
သွေးထဲမှာ ဗိုင်းရပ်စ် ပိုများလာခြင်း
ကော်နက်ရှင် ပိုဒေါင်းလာခြင်း
တဏှာစိတ်ထူပြောခြင်း
ဗလာစိတ်ကိုချုပ်တည်းရခြင်း
ပါဝါဖြတ်တောက်ခံရခြင်း ပါဝါရှူးသွပ်ခြင်း
ဆန်တစ်အိတ် ဒီမိုကရေစီတစ်စိတ်
မျက်မွေးတစ်ဆုံးအပျော် ထွက်ရပ်ပေါက်ဝိဇ္ဇာဖော်
ယှဉ်တွဲမရနိုင်တာတွေရဲ့ ဆက်စပ်ပေါင်းစည်းမှု
ရင်ကြားမစေ့နိုင်တာတွေရဲ့ အတွင်းညှိနှိုင်းမှု
သစ္စာ လေးပါး
သစ္စာ လေးချက်
....

....
စာရင်းကမဆုံး
ကြမ္မာကဆုံးပေ့ါ

ကိုယ့်ထိုက်နဲ့ကိုယ့်ကံ
ဘဝတိုတို
ဒုက္ခရှည်ရှည်
ရေသာများ
ငါး၊ ငါးဘယ်မှာနေ

မြန်မာမှုပြု - ပန်ဒိုရာ၊ကိုကိုသက်

what would you choose
want, rage or ignorance
defeatism or *maldevelopment*
an increase in viral load or a decrease in internet speed
sexual preoccupation or self-denial
power cuts or power crazes
a bag of rice or an ounce of democracy
myopic blitheness, escapist wizardry and alchemy
syncretisation of incompatibilities
internalisation of irreconcilabilities
the four noble truths
the four oaths.........
....
....
the menu is endless
the die's been cast

your karma is you
life short
suffering tall
plenty of water
no fish, no fish at all

Notes:
Bama / *Myanma* is the majority ethnic group in Burma / Myanmar.
Maldevelopment: the violation of the integrity of organic, interconnected
and interdependent systems, which sets in motion a process of
exploitation, inequality and injustice, the concept introduced by Vandana
Shiva in *Staying Alive: Women, Ecology and Survival in India* (1988)
The four oaths that have been drilled into the conscious and the
subconscious of the members of Burma's armed forces (*tatmadaw*) are:
– We shall be loyal to the state and citizens.
– We shall be loyal to fallen tatmadaw members.
– We shall carry out the order and duty assigned from above.
– We pledge ourselves to sacrifice our life for our state, citizens and
tatmadaw.

ပြတိုက်ထဲက ထာဝရ အခင်းအကျင်းများ

၁။ ခေါင်းစဉ်မဲ့

မင်ကြောင်ကင်းတဲ့ ပေါင်ဖြူတွေ
ဘာဘယ်လ် မျှော်စင်ကို တက်တွယ်
တချိန်က မင်းသား၊ အခုတော့
ပေါရိသာဒ ဘီလူး မရ-ရသာက ချိုင်ချင်နေ
သူ့သခင်အတွက် လူသားအမဲကောင် ရှာပေးနိုင်ပဲ့မလား
ဒီဇာတ်လမ်းမှာ ဘာအကျုတ်တရားမှ မရှိ
ဘာသင်ခန်းစာမှလည်း မရနိုင်

၄။ မြင်ကွင်းထဲက မြေခွေး

ညသန်းခေါင် ဆင်ခြေဖုံးလမ်းပေါ် မြေခွေး
သူမ အမြီးဖွား ကြယ်တံခွန်လိုလက်ဖြာ
သူမ ခေါင်းချွန်ချွန် ကြယ်တံခွန်လို့ မြေဆီစိုက်စိုက်
သူမ တစေ့တစောင်းစူးစမ်းကြည့် ကြယ်တံခွန်လိုဝေဝါး
တဲ့ နှစ်ဦးကြားမှာ အကြည့်ချင်းဆုံမှုထက်တော့ ပို့ တာသွားရရဲ့

၅။ ဆူးတောင်ပုတ်သင်

ချစ်သူတွေ စရွေးကိုက်
ဘောင်လွန်တဲ့အချစ် ဟာ
ညှောင်စေးထက်တောင် စေးကပ်တယ်
သေကွဲ ရှင်ကွဲခန်း အပြီးမှာ
ရှင်ကွဲနာ ဝေဒက်ပြား ဝင်ရောက်လာ

မိုတ်တုတ်မိုတ်တုတ်ပိုးစုန်းကြူးငယ်
သင့်ရဲ့ ကိုယ်ပိုင်အလင်းရောင်အတွက်

လမင်းထက်ပိုပြီး ငါဦးညွှတ်လိုက်ပါရဲ့
ငါ့ရဲ့ ပတ်ကြားအက်နလုံးသားထဲက
မကောင်းဆိုးဝါးလေးတွေကို ပရိတ်ရွတ်ပြီး မနှင်ပါနဲ့
အဲဒီ ကတုံးတောင်ပေါ်က ဖုန်းမောင်လေးတွေ
မနောခွေ့သွားပေလိမ့်

မြန်မာမူပြု - ပန်ဒိုရာ၊ ကိုကိုသက်၊ ခင်အောင်အေး

from **PERMANENT INSTALLATIONS**

1. untitled

untattooed thighs
climb up the babel tower
once a prince, now pawrithada bilu,
threatening to devour his old servant dathaka
will he be able to find his master a human victim
no redemption whatsoever
no moral there

4. fox sighting

a fox on a suburban path at midnight
her elegant furry tail trails along like a comet
with her pointed head hanging low
she heads for the earth like a comet
her cautious glance as delphic as a comet
there is more to both of us than meets the eye

5. thorny devils

lovers dovetailed
amoral amore stickier than banyan sap
after the disappearing act
enters a thief called grief

for a light of her own, i've worshipped
an evanescent glowworm over the moon

don't you consecrate my parched heart
you don't want to thrill
divine thorny devils
on that barren hill

Note: In Buddhist *jataka*, Pawrithada was a king, dethroned and exiled,
together with his loyal servant and chef, Dathaka, for cannibalism.

EAINDRA

PHOTO: AUTHOR'S ARCHIVE

EAINDRA (b. 1973) was born in the Irrawaddy delta. Since publishing her first chapbook at the age of twenty she has been regarded as one of the most outstanding Burmese poets of her generation. Eaindra is a prolific blogger, contributing to significant Burmese magazines. Since 1996, she has published fifty poems and fifteen short stories in print media in Burma. Her first collection, *As if It were for a Poem*, was published in Rangoon in 2012.

Eaindra, while working for a construction company in Singapore as a quantity surveyor, is also active as a founding member of the Aesthetic Light Foundation, a charity that aims to promote the well-being of Burmese writers living in Burma.

ညှို့သိပ် သီချင်း

အပြုံးက
အိတ်ထောင်က   ဆောင်းဓားကို လှစ်ပြလိုက်သလိုမျိုး။

ကမ်းပေးလာတဲ့ ညှာလက်ရဲ့ ပထမဆုံး အံဝှက်မှာ
ယဉ်ကျေးမှု အတုတွေ...
ကျွန်မ မသိချင်ယောင် ဆောင်တာကို
ရှင် မသိချင်ယောင် ဆောင်လိုက်တယ် ။

အဲ့ဒီလို ချို့ရှိဝင်းပ   နေရတာကိုလည်း
အော့နှလုံးနာလွန်းလှပါပြီ ...

တေးချင်းတွေ အက်သံနဲ့ ကွဲရှတုန်ရီ လို့ ။

ဟောဒီမှာ...
ညရဲ့ ပုခုံးသားတွေ ညွတ်ကျသွားလုအောင်
ရက်ရော့ပစ်လိုက်ရတဲ့ ရှိုက်သံ အသေတွေ...
ရှင် မသိချင်ယောင်ဆောင်ထားမှန်း...
ကျွန်မ မသိချင်ယောင်ဆောင်ဦးပေ့ါ ...။

လီလီ

လီလီဟာ သူမရဲ့ ကော့ရွှန်းနက်မှောင် မျက်တောင်ရှည်ရှည်ကို
                              တဖျတ်ဖျတ် ပြုံးပြက်လို့
ညကြီးမင်းကြီး ဆန္ဒယ်မှာ ပါးပြင်မှာ လည်တံမှာ သက်တံတွေ
                              ဆုတ်ဆုတ်ခဲခဲ ပွင့်လို့
လီလီအကျီက ပါးလွှာကွေ့.ဝိုက်လို့ လီလီဂျင်းပင်က တိုပြတ်တင်းကျပ်လို့
လီလီ ဘီယာဂွဲ့ပေးတယ်...။

LULLABY FOR A NIGHT

His smile flashes like a pocketknife.

In the very first nook of my extending right hand
Cultures are forged…

You have pretended not
To notice my pretensions.

How revolting it is
To be sexy and brassy…

My cracked canticles shiver.

Here you go…
The generosity of my dead sobs
Until the shoulders of the night give in

I will pretend not to notice
Your pretensions.

Translated by ko ko thett & James Byrne

LILY

Lily flutters her dark wavy eyelashes
From her long ivy hair, from her cheeks, from her neck
A bunch of rainbows bloom in the middle of the night
Her thin top curvy and bent, her minijeans torn and tight
Lily serves beer…

လီလီဟာ လိုအပ်တာထက်ပိုမိုကိုင်းညွှတ်ပြီး လီလီဟာ လိုအပ်တာထက်
ပိုမိုတိုးကပ်ပြီး
လီလီဟာ သူမကိုယ်သူမ အချိုးတကျ ထည့်စပ်ပြီး..လီလီဟာ
ကိုယ်ပိုင်ဖော်မြူလာအသစ်နဲ့ ကိုယ်တိုင်တစေးဖောက်ပြီး
လီလီက ပင်စန်ဟီးလ်ပေါ်က ကြောင်မယဉ်သာဟန်ပန်ကို
အမြည်းတစ်ပွဲအဖြစ် ချက်ပြုတ်ပြီး...
လီလီက သူမရင်အုံဖွေးဖွေးပေါ်က ဖန်စီလည်ဆွဲကို အမြည်းတစ်ပွဲအဖြစ်
ကြော်လှော်ပြီး...
လီလို့မျက်နက်ဆံလေးက အစာကိုချောင်းကြည့်နေတဲ့
ကြီးပျိုနက်မတစ်ကောင်လို
လီလို့လှုပ်ရှားဟန်တွေက သိမ်းစွန်အသုတ်ခံရခါနီး အသားစိုင်အသားခဲလို
လီလိဘီယာ ငဲ့နေတယ်..။

လီလီက ဘီယာကို သူမကိုယ်သင်းနံ့နဲ့ရောင်းအား မြှင့်တင်တယ်။
လီလီက သူမကိုယ်သင်းနံ့တွေကို ဘီယာနဲ့ ရောင်းအားမြှင့်တင်တယ်...
လီလီ ဘီယာ ငဲ့ပေးတယ်။

ယင်မမည်းရိုင်းတွေ အုံးခန့်ထပျံသွားသလို တသောသော တအုပ်အုပ်တွေထဲမှာ
သူမရဲ့ ရယ်မောသံ ချိုချိုချွဲချွဲကို ဖောင်းကန်ဖောက်ချလိုက်တယ်ဆိုရင်ပဲ
အကြည့်မီး အကြည့်လျှံတွေ အမြှုပ်တစီစီထ ထွက်ကျလာမယ့်
ခိုးခိုးခစ်ခစ်ကလေးကို
ခက်ရင်းနဲ့တည့်တည့်ထိုးစိုက်ပြီး
မဝါးဘဲမျိုချပစ်နိုင်ဖို့ လီလီ ငဲ့ပေးနေခဲ့တယ်...

လီလီက သူမ နှုတ်ခမ်းတွေကို ဘယ်ရီသီးယောင်ဆောင်ထားပြီး၊
ငဲ့ပေးတယ်...။
လီလီက သူတို့အကြည့်တွေထဲမှာ သူမအပြုံးတွေကို မခို့တရို့
ထိုးစိုက်ထားလိုက်ရင်း၊ ငဲ့ပေးတယ်...။

လီလီက သူတို့စကားလုံးတွေကို သူမ တွတ်တီးတွတ်တာနဲ့
လုံးဖြတ်ခုတ်ထစ်ပြီး ၊ ငဲ့ပေးတယ်..။
လီလီက သူတို့သွေးပြန်ကြောထဲအထိ သူမပါ စီးဆင်းလိုက်ပါဖို့၊ ငဲ့ပေးတယ်..။

လီလီက တယ်ရီယာခွေးစုတ်ဖွားမလေး ကယုကယင် ဆုံးခဲ့နေသလိုမျိုး ၊
ငဲ့ပေးတယ်...။
လီလီက သူမကိုယ်သူမရှိုက်ခွဲ ပုလင်းထဲ ဝင်ထိုင်ပစ်တဲ့ အထိ၊ ငဲ့ပေးတယ်...။

Lily cringes more than necessary, Lily comes close more than necessary
Lily mixes herself appositely... Lily has her own recipe,
                                        cultures her own yeast
Lily cooks the pose of a shecat in a pencil heel for an appetizer...
Lily woks the glassbead strings on her pearly breasts into munchies...
Lily's black irises are like a virgin crow stalking its prey
Lily moves like meatloaf about to be snatched by a hawk
Lily serves beer...

Lily promotes beer with her scent
Lily promotes her scent with beer
Lily serves beer...

Amid the buzzings of rowdy blowflies
Lusty looks fume as Lily uncorks the syrupy-sweet laughter ... POP!
Lily pours her froth of giggles
To be forked at, gummed and swallowed

With cloudberry lips, Lily serves...
Lily's nonchalant smile pierces their stares, Lily serves...

Lily knifes words with her gabble, Lily serves...
Lily wants to flow in their arteries, Lily serves...

Lily serves like a shaggy she-terrier, cajoling
Lily smashes herself to fit into a bottle for her masters, Lily serves...

Lily, her face uninterested at the news of homecomings,
Transplants her life branch to branch to serve another beer...
Lily the bait, Lily the cheery fisherwoman who chaffs...
'Life is bitter, life is beer.' Lily serves another beer...

'I am God's glitch' she serves...
'I am a tiny she-snake from the wickerbasket
                        of the snake charmer', she serves...

ဘယ်တော့ပြန်လာမယ်မှန်းမသိနိုင်တဲ့သတင်းကို နားမစွင့်တတ်သလို
မျက်နှာပေးနဲ့ လီလီက
ဘဝကို ကိုင်းကူးကိုင်းဆက် ပျိုးနေရင်း ဘီယာနောက်တစ်ခွက် ဦ့လိုက်တယ်...
သူမကိုယ်သူမ အစာအဖြစ်တင် စိတ်ရှိလက်ရှိထိုင်မျှားရင်း လီလီက
ဘဝဆိုတာ ဘီယာလို ခါးတားတားလေးပေါ့ရှင်လို့
ရယ်ရွှန်းဖတ်ရွှန်းပြောဆိုပြီး ဘီယာနောက်တစ်ခွက်ဦ့လိုက်တယ်...

ကျွန်မက ဘုရားသခင်ရဲ့အကျအပေါက်အမှားအယွင်းတစ်ခုပေါ့တဲ့
ဘီယာနောက်တစ်ခွက် ထပ်ဦ့တယ်...
ကျွန်မက အလမ္မာယ်ဆရာ့ ပခြုပ်ထဲက မြွေမလေးပေါ့တဲ့
ဘီယာနောက်တစ်ခွက် ထပ်ဦ့တယ်...

အိပ်တန်းတက်ချိန်မှမရောက်သေးဘဲ့ နောက်ထပ် ဘီယာဦ့လိုက်တယ်...
ညတွေ တသိပ်သိပ်ရှာနေတုန်း လီလီ ဘီယာဦ့လိုက်တယ်
အရုဏ်ဦးမှ မဖူးသေးဘဲ၊ မနက်ဖြန်တွေမှ မလင်းသေးဘဲ၊ အမှောင်တွေမှ
မကုန်နိုင်သေးဘဲ

လီလီ ဘီယာ ဦ့ပေးတယ်။
လီလီ ဘီယာ ဦ့လိုက်တယ် ။
လီလီ ဘီယာ ဦ့နေတယ်...။

စိတ် ကစားတဲ့ကွင်း

တကယ်ဆို
ဖိုသတ္တဝါရဲ့နံရိုးလောက်ပါပဲ...

ဒီ ဘဝမှာတော့..

နေ့စဉ်လှုံလုံနေရတဲ့ ခရမ်းလွန်ရောင်ခြည်နဲ့
တဖြည်းဖြည်း ကွ္ပ်ဆတ်လာတဲ့ မိန်းမ တစ်ယောက်အဖြစ် တည်နေခဲ့...။

သင်ရော...
ကံ ကံ၏ အကျိုးဆိုတာကိုယုံကြည်လား...
သင့်ကိုယ်သင်
တစ်ထစ်ချင်းနင်းပြီး
ဆင်းကြည့်ဖူးသလား...

Because it is not bedtime yet... another
Because, on Lily, the nights pour down... another
Dawn unbudded, where the darkness lingers
Where the day is yet to shed new light
Lily serves beer...
Lily has just served...
Lily is serving...

Translated by ko ko thett & James Byrne

PITCH FOR A PLAYFUL MIND

It's only Adam's rib.

In this life

I've become a woman, crisped
In her daily bath of ultraviolet.

What about you...
Do you believe in karma and its weight
Have you ever gone down on your *self*
Step by step...
Have you ever tallied

သင်လွန်ကျူးမိသမျှ
အမှားယွင်း အကျအပေါက်တွေကို...
စနစ်တကျ စာရင်းပြုစုကြည့်ဖူးလား...

ကိုယ့်ကိုယ်ကို
ကာကွယ် ထုချေ ဖြေရှင်းနိုင်သေးသရွေ့
သိပ်မဆိုးသေးဘူးလို့
ကျွန်မတို့
ယုံ ကြည် ပျော်ပါး လိုက်ရအောင်...

အဲဒီလိုမျိုး...
တစ်ဘဝလုံးလုံး...
စိတ်က ကိုယ့် ကို
စိတ်ရှိသလို ကစားပစ်ခဲ့တာ..။ ။

သူ့ရေတွေဖောက်ချခံနေရတဲ့ ငါး

ငါးဟာ
အပျင်းပြေ အသတ်ခံဖို့အတွက်တော့
နှံ့အိုင်ကို ခံတပ်လုပ်မနေဘူး.....

သူ့အကြေးခွံ လှုန်မပစ်နိုင်သေးသ၍...

သူ့ယုံကြည်ချက် ရှို့တွေ နှံ့တွေကြား
သူ့သစ္စာတရားကနေ
ပတ္တမြား ထပွင့်နိုင်ကြောင်း ပြလိမ့်မယ်။

All the miscellaneous mistakes
You've made...

It's not so bad
As long as you can defend yourself
Shall we trifle just like that...

So it goes...
All my life
My mind's been playing me
To her wit's end.

Translated by ko ko thett

MOLLY, WHOSE TANK HAS BEEN EMPTIED

Molly
Wouldn't build a mired fort
Only to get killed for a lethal hobby

Until her enemy scales her

In a slimy bog
She will demonstrate
How a ruby can flower.

Translated by ko ko thett & James Byrne

အဲ့ဒီနေ့... မတိုင်ခင်တစ်ရက်

အဲ့ဒီနေ့မတိုင်ခင်တစ်ရက်ဟာ...
မှဆိုးတစ်ယောက်အသက်အောင့်နေချိန်ဖြစ်ပြီး
အဲ့ဒီနေ့ဟာ...အပြီးသတ်...သေဆုံးသွားခြင်း
စိတ်အနာထည်နေ့ဖြစ်တယ်...။

အဲ့ဒီနေ့အတွက်
လက်မရှိ...ပါးကွက်သားတစ်ယောက်ရဲ့
သွေးအေးရက်စက်နိုင်မှုနဲ့...
ကိုယ့်ကိုကိုယ်ဆောက်တည်နိုင်ခြင်း ရဲရင့်မှု တစ်ခုလည်းလိုမယ်...။

အဲ့ဒီနေ့အတွက်...
အထူးပြုလုပ်ချက်တွေမပါတဲ့မွေလျော့တတ်မှုနဲ့
အဆုတ်အိမ်တစ်ခုလုံး...သန့်စင်နေသင့်တဲ့
အသက်ရှူသံစစ်စစ်တစ်ခုလည်းလိုအပ်တယ်...။

အဲ့ဒီနေ့ဟာ...
မည်းမှောင်...မှိုင်းညို့နေတဲ့...
တိမ်စိုင်တိမ်မိုက်တွေအောက်...က
ဘွားခနဲ...လင်းပ သွားတဲ့...လ ဖြစ်မယ်...
အဲ့ဒီနေ့ဟာ...
ဘယ်တုန်းကမှရောက်အောင်မလှမ်းခဲ့ရတဲ့...ခရီးရဲ့...
ဂိတ်ဆုံး...သွား လက်မှတ်တစ်စောင်ဖြစ်မယ်...။

အဲ့ဒီနေ့မှာ...
သူက...ဆိုလက်စသီချင်းတွေကို...ပိတ်ပစ်လိုက်
ကိုယ်က...ဖတ်လက်စစာအုပ်ကို...ခေါက်သိမ်းထားလိုက်.....
သူက...အမည်အတည်တကျမရှိတဲ့...ကော်ဖီဆိုင်လေးကိုပျင်းရိ...
ကိုယ်ရဲ့ အိမ်ခြေရာခြေမဲ့...ရွက်လှေတစ်စီးက...ကမ်းဆိုက်တယ်

တကယ်ဆို....
ရှိနေခဲ့တာ...မဟုတ်ဘူး...
ကြောက်ခမန်းလိလိ...ဆုံးရှုံးပြိုကွဲနေရတာ...

THE DAY (BEFORE THAT DAY)

The day before that day
A huntress held her breath
The day that annihilated itself
The day that dressed my wounds...

That day
With the cold-bloodedness of
A public executioner
Needed nerve to reconstruct itself...

That day
Of amnesia without special effects
Needed a genuine gasp for air
To purify its lungs...

That day
Could have been the moon jumping out
From the grim underside of clouds
That day
Could have been a ticket
For a journey that never began...

On that day
He switched off the song he'd been singing along to
I shelved the book I'd been reading
The nameless café bored him
And my aimless yacht anchored

In fact...
I achieved nothing
It was a day of horrid loss...
Horrifying disintegration...

In fact...
Uncertain were the days
The bitter days disfigured by experiments

တကယ်ဆို...
မသေချာတဲ့...ရလဒ်တစ်ခုနဲ့...
အရင်းအတိုင်းပြန်မရနိုင်တော့တဲ့...
ရုပ်ပျက်ဆင်းပျက်...အစမ်းသပ်ခံနေ့ရက်တွေချည်း...
ခါး...သက်နေခဲ့တာ...॥

တကယ်ဆို...
ဘဝမှာ...
ကျေးဇူးတရား...၊ တောင်းပန်ခြင်းနဲ့...
နောင်တဆိုတာတွေကို.. ကြောက်ရွံ့တတ်ခဲ့တာ...॥

အဲ့ဒ့ီနေ့မှာ...
သူက...အဆိုးဝါးအရက်စက်ဆုံးစကားလုံးတွေနဲ့...
ကိုယ့်ကို...လှောင်ပြောင်သရော်ပစ်လိုက်...
ကိုယ်က...
သူ့လုပ်ရပ်မှန်သမျှကို...
တဖွဲ့တနဲ့...ဟားတိုက်နေလိုက်မယ်...॥

အဲ့ဒ့ီနေ့မတိုင်ခင်..တစ်ရက်ဟာ...

ဒီနေ့လား...

ဒီနေ့များလား...

အဲ့ဒ့ီနေ့မတိုင်ခင် တစ်ရက်မှာ
ကိုယ်...က
ကိုယ့်ကို ပစ်ချတော့မယ့် မြှားဦးအတွက်

ကိုယ်တိုင်...အဆိပ်လူးနေလေရဲ့...॥ ॥

They will never be resold
For the price I paid

In fact...
In life...
I was in the habit of abhorring
Gratitude
Apologies
Regrets

On that day
He mocked me
With the worst of words
I took all his barbs
And laughed them off
Epically

On the day before that day
Is it today
Is it really today?

The day before that day
I poisoned the arrowhead
That would shoot me down.

Translated by ko ko thett & James Byrne

PANDORA

PHOTO: CRAIG RITCHIE
http://craigritchie.co.uk

PANDORA (b. 1974) is from Burma delta. Her pre-
cocious literary talent has earned her several awards
at poetry readings and essay competitions since her
school days. As an English major at Rangoon Univer-
sity, she wrote poems and short stories for campus
magazines under several pen names, all of which she
has now forgotten. At one point she even managed
to make a living by penning potboilers. She took a
break from writing when she went to Singapore for
further studies in 2001 but bounced back on the scene
in early 2007 as literary blogger Pandora. Since then
her poems, essays and short stories have been seen in
online Burmese journals, books and in printed media
inside Burma. After a long spell in Singapore, Pandora
has now returned to Rangoon, where she is working
on an anthology of Burmese women poets, the first
of its kind to be published in Burma.

လူပြိန်များ မြို့ကိုသိမ်းပိုက်စဉ်

လူပြိန်တွေဟာ ရေကြည်ရာမြက်နုရာ လှည့်လည်သွားလာတယ်
မဟာတံတိုင်းကြီးကို ကုပ်ကပ်ဖက်တက်တယ် ထရိုဂျန်မြင်းရုပ်ကြီးက ဝမ်းသာအားရ
မြို့ထဲ မောင်းသွင်းလာတယ်
ရောမကိုရောက်တော့ နီးဝါးများနဲ့ နေ့ချင်းပြီး မြို့တည်ဖို့ ရောမလိုကျင့်ကြတယ်
ကြံကြတယ်
လူပြိန်တွေဟာ ဆီဇာရဲ့နောက်ကျောကို ဓားနဲ့ထိုးတယ် အန်တိုနီက မိန့်ခွန်းလည်းပြောရော
ဘတပ်စ်ရဲ့နောက်ကျောကို ဓားနဲ့ထပ်ထိုးပြီး ဆီဇာ ဆီဇာ ဆီဇာ လို့ သုံးကြိမ်သုံးခါ
ဟစ်ကြွေးလိုက်ကြတယ်
လူပြိန်ရောဂါ စွဲကပ်လာ လျှင်စွာကုဖို့ပြင်၊ မကုစားဘဲ အပြိန်စွဲတော့ လူပြိန်ဝိုင်းရုပ်စာဟာ
လေကနေတဆင့် ကူးစက်တယ်
လူပြိန်ပေါ်စတစ်ဖြစ်တာနဲ့ ဦးခေါင်းအပူချိန်မြင့်လာမယ် ဒါ့ရကိုးပေါက်က
စကားလုံးများယိုစီးမယ်
နောက်တော့ နစ်ဆယ့်လေးနာရီအတွင်းမှာ လုံးဝပြိန်သွားတော့တာပဲ တဲ့
လူပြိန်ပိုးမဝင်သေးသူတွေကို လူပြိန်တွေက တံတွေးနဲ့လှမ်းထွေးတယ်
လျှာနဲ့လျက်ကြတယ် သွားနဲ့ကိုက်ကြတယ်
တဖြည်းဖြည်းနဲ့ လူပြိန်ဦးရေက ပွားပွားလာတော့ လူပြိန် မဟုတ်သူတွေဟာ
ပြိန်ချင်ယောင် ဆောင်နေကြရတယ်
လူပြိန်ကြည့်ပုံ လူပြိန်လမ်းလျှောက်ပုံ လူပြိန်ဝတ်စားဆင်ယင်ပုံ လူပြိန်အလုပ်လုပ်ပုံ
လူပြိန်စားပုံအိပ်ပုံ လူပြိန်ကွန်ပျူတာစာစီရိုက်ပုံ လူပြိန်ဖက်ရှင်တွေနဲ့
လူပြိန်နဲ့လူမပြိန်တွေဟာ ခွဲလို့တောင်မရတော့ဘူး
သိဒ္ဓတ္ထဟာ ကဏ္ဍကမြင်းကိုစီးပြီး လူပြိန်လွတ်ကင်းရာကို တောထွက်သွားရတယ်
ဉာဏ်အလင်းပွင့်ပြီးမှ ပြန်လာပြီး လူပြိန်တွေ ရှေ့နားက ဘုရားမတ်မတ် စက်ဆုပ်ရပ်၍
အတပ်ပင်ဟောကတဲ့ လုပ်ရတယ်
လူပြိန်တွေတွေးတဲ့ လူပြိန်တွေနားလည်ဖို့ လူပြိန်ကြိုက်တရားကို တားရှင်းတွေ
နိမ့်ချပေးရတယ် ဒီလိုနဲ့ ဟောရင်းသာ ဓမ္မကထိကများ ပျံလွန်တော်မူသွားကြတယ်
လူပြိန်တွေဟာ ခရစ်တော်ယေရှုကို ကားစင်တင်လိုက်ကြတယ် လေဒီဒိုင်ယာနာကို
လုပ်ကြိုလိုက်ကြတယ် မာရီလင်မွန်ရိုးနဲ့ မိုက်ကယ်ဂျက်ဆင်ကို တောနင်းရှာကြတယ်
တိုက်ဂါးဝုဒ်ရဲ့ ဂေါ်ဖတံကို ရိုက်ချိုးလိုက်ကြတယ် ဆိုကရေးတီးရဲ့ အဆိပ်ခွက်ကို
ဝိုင်းလုသောက်ကြတယ်
လူပြိန်တွေဟာ အများညီတော့ ဤ) ကို ကျဲ့ လို့ဖတ်လိုက်ကြတယ် ပေါင်မုန့် မရှိတဲ့အခါ
ကိတ်မုန့်ကို စားကြတယ်

THE SCENE OF THE CITY SIEGE BY THE DAFT

the daft have been hunting and gathering   they have climbed
up the Great Wall
rambunctiously   they have shooed the Trojan Horse into the city
when in Rome
they have built a bamboo Rome overnight   they do as the Romans
do   the daft have
back-stabbed Caesar during Antony's speech   they have back-
stabbed Brutus and
clamoured Caesar Caesar Caesar exactly three times   the daft
syndrome has to be cut
down quickly or else one will become daft   the daft virus is air-
borne   the daft
symptoms are feverishness and words flowing out of all the nine
holes of the body
in twenty-four hours the patient becomes absolutely daft   the daft
spit at the non-daft
they lick them with their tongues   they bite them with their teeth
as the daft
population grows the non-daft have to pretend to be daft   the way
the daft look
the way the daft walk   the way the daft dress   the way the daft
work   the way the daft
 eat and sleep   the way the daft type   the daft fashion   the daft
and non-daft are no
longer distinguishable   on the back of the horse Kannaka the
Prince Siddhartha
followed the ascetic path to shun the daft   he came back after the
great awakening
he confronted the daft as the Buddha the emancipated   for the
daft-thinking daft the
dhamma preachers have had to downgrade their *dhamma*
versions   the preachers die
preaching   the daft have crucified Jesus Christ   the daft have as-
sassinated Lady Diana
they have flattened the jungles in search of Marilyn Monroe and
Michael Jackson

လူပြိန်တွေဟာ မြည်းတစ်ကောင်နဲ့ သားအဖနှစ်ယောက်ကို
ရှုပြင်ထုတ်လိုက်ကြတယ် နပျူးယောက်က လေဘာတီရုပ်တုကြီးကို ဘုဂ္ဂဒက်ကို
ရွှေ့သွားကြတယ်
လူပြိန်တွေဟာ အိုင်စတိုင်းကို အက်တမ်ဗုံး လုပ်ခိုင်းပြီး လေှုန်ကို
ဒားထစ်လိုက်ကြတယ်
ထိုကဲ့သို့ လျည်းနေလေှအောင်း မြင်းဖောင်းမကျန် လူပြိန်များ ကျင်လည်ကျက်စား
ပျော်ပါးနေကြစဉ်
အုန်းခနဲ "မိုးပြိုပြိ" ဟူသည့် အသံကြီး တခဲနက်မြည်ဟီးလာလေရာ
လူပြိန်များ သောသောရှုတ်ရှုတ် အုတ်အုတ်ကျက်ကျက် ဝက်ဝက်ကွဲကွဲ လဲလဲပြိုပြို။

မြို့ပြသူလေးနဲ့တစ်ညနေ

မြို့ပြသူလေးရဲ့
စကပ်တိုတို ခြေလှုန်တွေကြား
ညနေခင်းဟာ ပူစပ်ပူလှောင် ဖြစ်နေသေးချိန်ပေ့။

တဖျတ်ဖျတ်လူးနေတဲ့ ငါးတစ်ကောင်ကို
မဆုံမပြိ မျို့ချပြီး
ထွက်ကျနေတဲ့ ငါးအမြီးကို
ဟန်မပျက် တက်နှင်းထားတဲ့
ခပ်နပ်နပ် ခြေသ္ဘံ့တစ်ကောင်ရဲ့ ရုပ်တုကို
အပျင်းပြေ လှုမ်းငေးဖြစ်ကြတယ်။

သူက
နေရာ မရလိုက်မှာကို စိုးတယ်

they have snapped Tiger Woods' wood   they have scrambled for
Socrates' poison cup
in unanimity the daft have decided to pronounce *'inanity' 'inanition'*
they have
decided to make do with cakes whenever bread is not available
they have driven
'a man his son and their mule' out of the village   they have
moved the Statue of Liberty
to Baghdad   they have ordered an atom bomb from Einstein and
they have made
a knife mark on the rib of their boat   as the daft from all corners
of the planet are
enjoying themselves in their merry-go-rounds   BOOOOM   'The
sky is collapsing'
the deafening noise   the daft in uproar   the daft in commotion the
daft in chaos
the daft stampeding

Translated by ko ko thett

AN EVENING WITH A CITY GIRL

Evening still swelters
In the strides inside
The miniskirt of the city girl.

We have just gazed leisurely at
The statue of the street-smart lion
Who has gobbled up a flapping fish
and stepped on the fishtail.
What a phiz!

She is concerned
With not having a seat
With not getting discounts

လျှော့ဈေး မရလိုက်မှာကို စိုးတယ်
သူ့ကိုတက်နင်းမိသွားမှာကို စိုးတယ်
မစိုးလိုက်ရမှာကိုလည်း စိုးတယ်
အရေ့စွံချွတ်လဲထားတဲ့
မြွေတစ်ကောင်ရဲ့ မလုံခြုံမှုမျိုးနဲ့။

ကိုယ်က
ကျားတစ်ကောင်လို ဆာလောင်ပြီး
ကျားတစ်ကောင်လို အထီးကျန်နေတယ်
ကိုယ့်ကိုယ်ပေါ်က အစင်းအစင်းတွေကို
ကိုယ်တိုင်ကိုက်ဖြတ်ဝါးမျိုချင်နေတယ်
အမြီးပုတ်သံတွေ သိမ်းဝှက်ထားရတယ်။

သူက
ဒေါင်လိုက်မျဉ်းကြောင်းတွေရဲ့
ဖိနပ်ဖြားယောင်းမှုမှာ အသားကျလို့
လွင်ပြင်ကျယ်ကို အာရုံမဖြန့်တတ်ခဲ့။

ကိုယ်က
ရေပြင်ညီမျဉ်းတွေရဲ့ တမျှော်တခေါ်ကို
သက်ပြင်းချ ရင်မောနေတုန်း
အထက်ကို မော်မကြည့်နိုင်ခဲ့။

မြစ်အတုထဲက လေအတုတွေဟာ
စိတ်ကူးအစစ် ကိုယ်စီကို ဖြတ်တိုက်သွားမယ်
သူက
မလှမ်းမကမ်းက လူတန်းရှည်ကိုမြင်တော့
လှုပ်လှုပ်ရှရှ စူးစမ်းချင်နေတယ်
ကိုယ်ကတော့
နေရောင်လက်ကျန်မှာ လက်လက်ခါနေတဲ့ လှိုင်းတွေကို
အမိအရ သွားဖမ်းချင်နေတယ်။

သူက ပညာတတ်တယ်
သဘာဝ သယံဇာတတို့ရဲ့
အနာဂတ်ဖြစ်နိုင်ခြေတွေအကြောင်း

ပြောင်းရွှေ့လာတဲ့ လူ့အရင်းအမြစ်တို့ရဲ့
အပြန်အလှန်အရေးပါပုံအကြောင်း
စကားစမြည်ဆိုတယ်။

With being stepped on
With not having concerns
She has the insecurity of a snake
Who has just shed her skin.

As for me
A starving tiger
A jilted tiger
A lonely tiger
I want to bite off and
Devour my own stripes
I have to conceal the sound of
My waggling tail.

She is
Tempted by
The vertical lines.
She couldn't fan her senses out
Towards the endless fields.

I am
Sighing heavy-heartedly
At the stretch of the horizontal lines.
I can't look up.

The bootlegged breeze in the pirated river
Brushes past our authentic imaginations.
A queue over there arouses her curiosity.
I, for one, fancy catching the waves
Reflected upon the leftover sunlight.

She is educated.
She chit-chats about
The prospects of natural resources,
The mutually-beneficial aspects of
Human resources in migration.

ကိုယ်က ယဉ်ကျေးတယ်
ဘာသာစကားတို့ရဲ့
ရှေ့လျားတတ်တဲ့ ဒေသိယသုံးတွေအကြောင်း
ဗဟိုချုပ်ကိုင် စနစ်တစ်ခုရဲ့
အားသာနိုင်ချက်တွေအကြောင်း
အကြောင်းပေါင်းသင့်အောင်ဆွေးနွေးတယ်။

ဘာပဲဖြစ်ဖြစ်
အဲ့သည်ညနေခင်းကတော့
ငြိမ်းငြိမ်းချမ်းချမ်းပါပဲ
သူကလည်း ဘီယာတစ်ကျိုက်
ကိုယ်ကလည်း ဗီဇာတစ်ကိုက်
အရှေ့တောင်အာရှက လူမိုက်တစ်စု အကြောင်းကိုတော့
စကားထဲ ထည့်မပြောဖြစ်ခဲ့ကြဘူး။

ဖျော်ဖြေတင်ဆက်မှု

ပါဝင်သူများ- သင်တို့လည်း စိတ်ဆန္ဒရှိလျှင် ရှိသလောက်
နေရာ- နီယွန်မီးချောင်းအောက်မှ မိချောင်းမျက်ရည်တို့အိုင်ထွန်းရာ
အချိန်- လူ့အလိုကို လူကိုယ်တိုင် ကျော်တက်စီးနင်းနိုင်သော ခေတ်ကာလ
တစ်ဦးချင်းဝါဒတို့ ဖိမ မခွဲခြား ခေတ်စားထွန်းကားစဉ်
ဖောင်းကြနေသော လွတ်လပ်မှုများကို ဖူးဖူးမှုတ်ကြစဉ်
လူတန်းရှည်ကြီးလည်း တအီအီ ဆက်စီနေကြစဉ်
ဟောကင်းတွင်းနက်ထဲမှာ ထင်းထင်းကြီး မီးနီဖြတ်မောင်းကြစဉ်
တောင်မြှောက်နတ်မင်းများလည်း လောကပါလတရားကို တရိရိစောင့်နေရစဉ်
"အမှန်"နဲ့ "တကယ်"ရဲ့ အတွင်းကျကျ အကွာအဝေးကတော့
လက်တစ်လုံးခြား သာ။

I am civilized.
I discuss in passing
The fluid localism of languages
The potential advantages of centralization.

Whatever
The evening is at peace with itself
She has had a gulp of her beer
I have had a bite of my pizza
We never happened to include in our conversation
Those gangsters in Southeast Asia.

Translated by ko ko thett

ENTERTAINMENT

Cast: as you like it
Venue: a pond of crocodile tears under a neon lamp
Time: an age
When humans can override human wishes
When individualism thrives, independent of gender and sexuality
When liberties swell and are treated to fellatio
When we long queue, creaky creaky.
When we drive through a red light inside Hawking's black hole
When Boreas and Notus listlessly watch over the law of nature
'Truth' and 'reality': the great distance between them
Just the circumference of a ring finger.

Translated by ko ko thett

လက်ဖြောင့်တပ်သား

သူများတွေ့အလံကိုင်ချီတက်ရင်
ကြွနေတဲ့ပုံးတွေ့ထိန်းထား
အမြောက်ဆံမပါဘူး ပုံးသံမပါဘူး
ဒီစစ်ပွဲက တိုးတိုးတိတ်တိတ်
စိတ်ငြိမ်ရတယ် သွေးအေးရတယ်
တိကျ လက်ယဉ်ရတယ်
အချိန်ရတိုင်း တောက်ပြောင်နေအောင် သွေးထားရမယ်
ပုတ်သင်ညှို့လို အရောင်ပြောင်းနိုင်ရမယ်
သစ်တုံးတစ်တုံးလို့ မရွေ့တမ်းနေနိုင်ရမယ်
မျက်တောင်မခတ်နဲ့အိပ်မငိုက်နဲ့
အကွက်ကောင်းမှာ မလစ်စေနဲ့
လိုအပ်ရင် လူသေကောင်လို ပျော့ဖတ်အယောင်ဆောင်ရတယ်
ခြေနဲ့ကန်ကျောက် တက်နင်းသွားလည်း ခံ
သေချာအောင် အနီးကပ် ထပ်ပစ်သွားရင်တော့ ကံ
စောင့်နေရင်းနဲ့ပဲ လူမသိသူမသိ ဘဝကပြီးသွားနိုင်တယ်
ရွေးစရာကတော့ သိပ်မကျန်တတ်ဘူး
ဥပမာ...
ရှေ့မှာ ရန်သူ ငါးယောက်
လက်ထဲမှာက ကျည် ငါးတောင့်။

THE SNIPER

When you see them on a flag march
Repress your swelling bugs
No mortar shells, no hand grenade explosion
This battle must go on quietly
With a calm mind, in cold blood
With sharp shooting, trained hands
Hone your skills when the sun shines
Camouflage like a chameleon
Be immovable as a sleeper
Don't blink, don't doze off
Don't miss your chance
If necessary, play dead
Don't flinch, even if they walk all over you
Blame fate if they shoot you point-blank
To double-check you are dead
Life may end up in anticipation, in lethe
There isn't much of a choice to make
For example…
Five enemies are approaching
Five bullets are all you have.

Translated by ko ko thett

MAUNG YU PY

PHOTO: AUTHOR'S ARCHIVE

Maung Yu Py (b. 1981) was born to Dr. Myint
Soe and Daw Yee Yee Mar in Myeik, a significant
port town formerly known as Mergui, on the coast of
an island on the Andaman Sea in the extreme south
of Burma. In the fourth grade, he represented the
children of his region at the Asia-Pacific Children's
Convention in Fukuoka, Japan. He earned a degree in
law in 2006. Since his 2000 debut collection, *The Bird
that was Killed when the Sky Capsized,* he has published
two collections; *There is a New Map for that Little Island
Town Too* (2007) and *With the Big Television Turned
On* (2009).

Active online and still in Myeik, Maung Yu Py also
writes in Tavoy, the Burmese dialect of the region. He
is widely recognized for his wry poems, witty essays
and articles.

ဒီလိုနဲ့ ဒီတစ်ခေါက်

ဒီလိုနဲ့ ဒီတစ်ခေါက်လည်း
အသက်ဘေးက လွတ်မြောက်လာခဲ့ပြန်ပြီပေါ့
ခွေခေါက်ပြုလဲရာက ဖုတ်ဖက်ခါပြန်ထ
ငါမသေဘူး ရေကူးတတ်ကြောင်းက ပြန်စမယ်
လူမသေတာ သေချာပြီဆိုတော့ ငွေရှားကြောင်းက ပြန်စမယ်
စိပ်ပုတီးလေးလက်က ခဏချ၊ လည်နေတဲ့တရားခွေရပ်သွားတဲ့အထိ အရေးဆိုမယ်
ရှေ့နေကောင်းကောင်းရှာမယ်၊ သက်ဆိုင်ရာကနေပြောမယ်
နဂါးမှန်းသိအောင် အမောက်ထောင်ပြမယ်
စေတနာက စားလို့ရသလား မေးမယ်
ငါ့အသီးဘယ်သူ ခူးသွားလဲ၊ ငါ့ဖိနပ်ဘယ်ကောင် မ,သွားလဲ
တွေ့လို့ကတော့ အသေသတ်မယ်
ရေစိုလက်နဲ့ ပလပ်ပေါက်ကိုင်မယ်၊ ခေါင်းရင်းပြတင်းပေါက် ဖွင့်အိပ်မယ်
သောက်မယ်စားမယ်ပျော်မယ်ပါးမယ်
ဘယ်သူသေသေ ငတေမာရင်ပြီးမယ်
ငရဲဆိုတာ ချိုနဲ့လားမေးမယ်
ဆံပင်အရောင်တွေပြန်တင်မယ်၊ မိတ်ကပ်တွေပြန်ဖို့မယ်
ရပ်ကွက်ထဲလှည့် ကိုယ်တွေ့ဖြစ်ရပ်တွေ ပို့ချမယ်
ဘေးထိုင်မယ် ဘုပြောမယ်
မုသားစကား၊ သေးနုပ်သိမ်ဖျင်းသောစကားနဲ့ ရုန့်ရင်းကြမ်းတမ်းသောစကားကို ဆိုမယ်
မသူတော်လက္ခဏာတွေ ပြမယ်
မတရားဈေးဆစ်မယ်၊ အဆစ်တောင်းမယ်၊ (ငွေစက္ကူ)အစုတ်ကို ရွေးပေးမယ်
တူသားမြေးမြစ်များနောင်ရေးအတွက် ရင်လေးမယ်
ကလေးချင်းပြိုင် အနိုင်ချဲနိုင်းမယ်
ဗေဒင်လက္ခဏာမေးမယ်၊ ယတြာချေမယ်၊ နတ်ပွဲသွားမယ်
လာဘ်ရှင်မရှင် ဂဏန်းလေးတွေ စမ်းကြည့်မယ်

အမွေနဲ့စာရွက်စာတမ်းကိစ္စ နောင်ရှင်းသွားအောင် အခုရှုပ်ကြမယ်
လူဆိုတာဘယ်လို ကမ္ဘာကြီးမှာ ဘယ်လို ဘဝဆိုတာဘယ်လို
လောကဆိုတာဘယ်လို အနုပညာဆိုတာဘယ်လို နိုင်ငံရေးဆိုတာဘယ်လို
(ငါ) ပြောပြမယ်(မင်းနားထောင်)
(နေ့စဉ်)ကြောင်တစ်ကောင်နဲ့ နပမ်းလုံးမယ်၊ ခွေးတစ်ကောင်ကို ကျိန်ဆဲမယ်
ကြမ်းပိုးတစ်ကောင်နဲ့ပူးသတ်မယ်၊ ကြွက်တစ်ကောင်ကို အဆိပ်ခတ်မယ်
(တခါတရံတော့လည်း) နောင်တရမိမယ်၊ သံဝေဂရမိမယ်
လူ့ဘောင်ကြီးကို ငြီးငွေ့စိတ်ကုန်မိမယ်
(အများအားဖြင့်တော့) အသက်နဲ့ဇရာကို မေ့ထားမယ်
သင်္ချိုင်းထဲရောက်နေတဲ့ ခြေတစ်ဘက်ကို ပြန်ရုတ်

JUST LIKE THIS, AGAIN THIS TIME

Just like this, again this time
I've escaped from death
I've crumpled and conked out
But I get up and dust myself off
Let me start from scratch, 'I can swim;
I won't drown.' I'm dead sure I'm alive
Let me start from scratch, 'Money is scarce'
I'll drop my rosary for the moment
Sue them until the sermon record stops turning
Find a good lawyer
Talk via the authorities concerned
Flaunt my crest to show them I'm a dragon
I'll ask them if 'goodwill' is edible
Who the heck has picked my fruit
Who the heck has nicked my shoes
They are so dead when I get them
I'll wet-finger an electric socket
I'll sleep, leaving the living room window open
I'll eat, booze and party like an animal
Whoever goes to hell, I go to heaven
By the way, does hell have horns
I'll dye my hair and put on makeup again
I'll go round the quarters and share my valuable experiences
I'll join their table just to be cynical
I'll lie, revile and malign them all
I'll demonstrate my balefulness
I'll haggle and ask for freebies, I'll pay with worn-out banknotes
With a heavy heart beating for the future of my children
                                        and grandchildren
I'll let them bully one another
I'll consult with astrologers, I'll cheat fate
I'll go see a spirit medium dance
I'll test my luck on the lottery
I'll muddy my inheritance now and it will be cleared later
Human nature is this, the world is that,
Life is this, living is that, art is this, politics are that

ငါ့ရှေ့က ဘယ်သူတွေအရင်သွားကြသလဲ
သခ်ီရအတုနဲ့အရသာခံမယ်
ဒီလိုနဲ့
နောက်တစ်ခေါက် ရောက်မလာခင်
မွေ့လျော့ပျော်ဆ နေထိုင်သွားကြမယ်။ ။

ရန်ကုန် ၂၀၁၀

သားသမီးများ၏ပညာရေးအပေါ် မိဘအုပ်ထိန်းသူအချင်းချင်း ပြိုင်ဆိုင်မှုများ
ရှိလာသည်ကိုတွေ့ရ။ တစ်ဦးနှင့်တစ်ဦး ယုံကြည်နားလည်မှုဖြင့်
အလုပ်လုပ်နေကြရသည်ဖြစ်ရာ အလွဲသုံးစားမလုပ်မိရန်
အရေးကြီးလာသည်ကိုတွေ့ရ။ အင်တာနက်/ဂျီမေးလ်အသုံးပြုသူ
မိန်းကလေးတချို့ အွန်လိုင်းမှတဆင့် လူမှုရေးနှင့် အရှက်သိက္ခာ ထိခိုက်စေမည့်
ခြိမ်းခြောက်အကျပ်ကိုင်ခံရမှုများ ရှိလာသည်ကိုတွေ့ရ။ ညစ်ညမ်း
ဗီဒီယိုနှင့်ရုပ်ပုံများအား ဝယ်ယူကူးယူသူများအထဲတွင် ဆယ်ကျော်သက်တချို့ပင်
ပါလာသည်ကိုတွေ့ရ။ ဆန်းသစ်သော ဖက်ရှင်များ တန်ဖိုးကြီးသည့်
အလှဆင်ယင်မှုများအပေါ် လူငယ်များ၏ စိတ်ဝင်စားမှု
လွန်ကဲလာသည်ကိုတွေ့ရ။ ပြည်ပသို့ ထွက်ခွာ အလုပ်လုပ်ကိုင်မည့်သူများ
မထွက်ခွာမီ မိမိဘက်မှ ကြိုတင်စီစဉ်မှုများ သေချာစွာ ပြုလုပ်ထားရန်
လိုအပ်လာသည်ကို တွေ့ရ။ တစ်ဖက်သားအားယုံကြည်စေရန်
စာရွက်စာတမ်းအတု ရုံးခန်းအတုများပြုလုပ်၍ လှည့်စားလိမ်ညာမှုများ
ရှိလာသည်အထိတွေ့ရ။ ပလပ်စတစ်မသုံးစွဲရေးပညာပေးမှာ လူထုကြား
သိပ်ထိရောက်မှု မရှိသေးသည်ကိုတွေ့ရ။ ယာဉ်လိုင်းများပေါ် ကာယရွှေ့
ပျက်ပြားစေသည့် နှောင့်ယှက်ခံရမှုမှ လျှော့နည်းစေရန် အမျိုးသမီးအများစု

(I) will speak (You) will listen
(Day in day out) I'll wrestle with a cat, curse at a pigeon
Crush a bug, poison a rat
(Sometimes), I'll repent, I'll regret
I'll get fed up with society
(Most of the time) I'll forget my age and aging
I'll retract one of my legs
That has accidentally stepped into the necropolis
And has died before me
I'll treat myself to a hypocrite's understanding
Of the law of impermanence
Just like this
Before the next time comes
I'll continue in frippery and frivolity.

Translated by ko ko thett

YANGON 2010

Parents and guardians jostle over the quality of education available to their children, it's been observed. People work on mutual trust and understanding; it is important to avoid abuses, it's been observed. Black (e)mailing and threats that undermine the social integrity and propriety of girls online are commonplace, it's been observed. Certain teenagers now patronize and pirate barnyard videos and obscene images, it's been observed. Youths are now overtly into neoteric fashion and luxury items, it's been observed. Those about to leave for jobs overseas need to systematically prep themselves in every possible way before departure, it's been observed. Documents and certificates are forged, bogus offices are set up to con the people, it's been observed. The anti-plastic ecological campaign has not really caught on among the general populace, it's been observed. To minimize the risk of molestation on public transport most ladies now choose special bus services, it's been observed. The

အထူးယာဉ်လိုင်းများအား ပိုမိုရွေးချယ်လာသည်ကို တွေ့ရ။ ယမန်နှစ်ကထက် အလုပ်အကိုင်ရှားပါးမှုနှင့် ဝင်ငွေလစာ နည်းပါးမှုများကြောင့် နယ်မှ အလုပ်လာရောက်လုပ်ကိုင်သူများ ကိုယ့်နေရပ်သို့ ပြန်လည်ရွှေ့ပြောင်းကြသည်ကို တွေ့ရ။ နောက်ခံရွှေ့မျှော်ခင်းလှပ၍ သရုပ်ဆောင်အများအပြားဖြင့် ရိုက်ကူးထားသော ရုပ်ရှင်များနှင့် ဟာသဆိုလျင် ခလုတ်တိုက်မှောက်လဲ နောက်ရေးပုံဟပ်ထိုးကျသည့် ဟာသများအား ရန်ကုန်မြို့ရှိ ရုပ်ရှင်ကြည့်ပရိသတ်အများစုမှ ကြိုက်နှစ်သက်လာကြသည်ကို တွေ့ရ။

မနေ့ညက မြို့စွန်ဘက်မှာ ပန်းကန်ပြားပျံတစ်စီးတွေ့လိုက်တယ်

မနေ့ညက မြို့စွန်ဘက်မှာ ပန်းကန်ပြားပျံတစ်စီးတွေ့လိုက်တယ်။ လူတချို့ ပြောနေကြတာပဲ၊ တချို့ကလည်း မယုံဘူးပေ့၊ ဒါပေမဲ့ ဒီနေ့မနက်ကတည်းက လူတိုင်းရဲ့ ပါးစပ်ဖျားမှာဒီအကြောင်းပဲ ပြောပြောနေတော့၊ ပြောနေသူတွေကလည်း အသေအချာပြောနေတော့ မဖြစ်နိုင်ဘူးလို့ အတပ်ဘယ်ပြောလို့ ရတော့မလဲ၊ ဟုတ်ချင်လည်းဟုတ်မှာပေ့။ အချို့ကဒီမြို့လေးက ပြောင်းရွှေ့ဖို့ ပြင်ဆင်နေကြပြီ။ မနေ့ညက အသေအချာတွေ့လိုက်ရတယ်ဆိုတဲ့ မျက်မြင်ကိုယ်တွေ့ဆိုသူအချို့ကတော့ ကိုယ့်ကိုယ်ကို ဆွဲဆိတ်ကြည့်ကြတုန်းပဲ၊ အချို့ ကျတော့ အခြားကမ္ဘာသားများကို ကြိုဆိုပါတယ် ဘာညာပေ့။ ဆိုင်းဘုတ်ပြား တွေ့ လုပ်နေကြတယ်။ အချို့ ကျတော့ သူတို့မှာရှိတဲ့ ကိုယ်ပိုင် ကင်မရာလေးတွေ တပြင်ပြင်နဲ့ပေ့၊ အချို့ ကျတော့ နွေခင်းဘက်ကတည်းက မြို့စွန်တောင်ပတ်လမ်းလေးပေါ် ရောက်နှင့်နေကြပြီ။ ဒီနေရာလေးမှာ လူစည်ကားလာတော့ လမ်းဘေးဆိုင်တန်း လေးတွေလည်း အလျှိုလျှိုပေါ် လာတယ်။ တတ်ငွေ့ကာရောင်းသူ၊ မှန်ဘီလူးရောင်းသူ၊ အချို့ရည်နဲ့ စားသောက်ဖွယ်ရာအချို့၊ ရောင်းသူ၊ ဘီယာဆိုင်၊ အမိုးအကာထီးတွေ ကုလားထိုင်တွေ ငှားရမ်းဆိုင်၊ ဆိုင်ကယ်နဲ့ကားတွေ လက်ခံရာဌာန စသဖြင့် မြို့စွန်ဘက်မှာ စည်စည်ကားကား ဖြစ်လာတယ်။ လူလတ်ပိုင်းအချို့နဲ့ လူအိုအချို့ ကျတော့ ဘုရားကျောင်းတွေ့ထဲကကို မထွက်တော့ဘူး။ မြို့လေးရဲ့ လုံခြုံရေး သက်ဆိုင်ရာအဖွဲ့တွေဟာ အရေးပေါ် အစည်းအဝေးတစ်ရပ် အမြန်ခေါ်ယူလိုက်တယ်။ အချို့က မြို့စွန်ဘက်နေရာတွေ့ကို မဝင်ရနယ်မြေတွေအဖြစ် ကန့်သတ်ဖို့တင်ပြလာတယ်။ အရပ်သားတွေ့ကို ဘေးလွတ်ရာကို ပြောင်းရွှေ့ထားသင့်ကြောင်း တစ်ယောက်ကက ထပြောတယ်။ တစ်ယောက်ကတော့ ဒီလိုမဟုတ်ဘူး။ အခမ်းအနားနဲ့လိုက်လိုက်လဲလဲ

unemployment rate is on the increase and salaries are on the decrease, compared to last year, this has put migrant workers from rural areas in reverse immigration, it's been observed. Movies that feature pleasant backdrops with an array of actors and comedies that poke fun at people tripping over, falling face down in the cow dung, are increasingly popular among the Yangon film buffs, it's been observed.

Translated by ko ko thett & James Byrne

A UFO SIGHTING YESTERDAY AT THE EDGE OF TOWN

A UFO sighting yesterday at the edge of town. People are talking about it. Some don't buy the talk. But it's the talk of the town. People who're talking about it grow very serious. How can you tell them 'it's impossible!' Maybe it is possible. Some people are thinking of moving out of this little town. Some who witnessed the UFO last night pinch themselves to make sure they're not dreaming. Some are already making banners that read 'Aliens, you are most welcome!' Some are wielding their tiny cameras. Since this afternoon, some have camped on the path that circles the hill at the edge of town. As the crowd gathers, roadside stalls appear one after another. Gasmask seller, binoculars merchant, food and drink hawker, beer bar, chair and umbrella rental, a booth to watch over parked cars, etc. The edge of town is now getting festive. Some elders and some middle-aged folk who have taken refuge in the church refuse to leave. The authorities responsible for the security of the little town call an emergency meeting. Some participants lobby for a curfew to be imposed on the edge of town. Someone suggests the evacuation of the entire population. Another counters with 'it's not a good idea – a field should be cleared to receive the aliens cordially.' An army officer orders his troops to stand by. Some of the townsfolk get edgier and edgier. Rapture looms, there are more and more thefts, robberies and burglaries. More

ကြိုဆိုဖို့ ကွင်းပြင်တစ်ခု ရွေးချယ်စီစဉ်ထားသင့်ကြောင်း အကြံပြုတယ်။
စစ်ဘက်အရာရှိတစ်ဦးကတော့ သူတပ်သားတွေကို
အဆင်သင့်ပြင်ဆင်ထားဖို့ အမိန့်ပေးထားလိုက်တယ်။ အရပ်သားထဲက
အချို့ကျတော့ ဆောက်တည်ရာမရ ဖြစ်နေတယ်။
ကမ္ဘာပျက်တော့မယ်ဆိုပြီး ခိုးဆိုးလုယက်သူတွေလည်း ပေါ်လာတယ်။
သောက်စားပျော်ပါး ထင်ရာစိုင်းနေသူတွေလည်း
များလာတယ်။ လမ်းပေါ်မှာလူဆိုးလူကောင်း အယုတ်အလတ်
အမြတ်မခွဲခြားတော့ဘဲ အားလုံးဟာ ကောင်းကင်ကြီးကိုသာ
သတိထားစောင့်ကြည့်နေကြတော့တယ်။ ယာဉ်တိုက်မှုတို့ မီးလှန့်မှုတို့
ရန်ဖြစ်တိုက်ခိုက်မှုတို့ အဲဒီလို ကိစ္စတွေဟာ အသေး
အမွှားကိစ္စလေးတွေအဖြစ် ရောက်ရှိသွားတယ်။ အချို့ကလည်း
ကိုယ့်အိမ်ထဲကိုယ်နေ လုပ်စရာရှိတာ ဆက်လုပ်နေတယ်။
လာမှပဲ လာပစေတော့ပွေါ။ အချို့ကလည်း အေးအေးဆေးဆေးပဲ တစ်နေကုန် သူ့
ဘွတ်ဖိနပ်ထိုင်ကိုက်နေသူကလည်းရှိသေး။

ရေခဲပြင်ကြီးအောက်မှာ

ရေခဲပြင်ကြီးတစ်ခုအောက်မှာ
အရှင်လတ်လတ် အမြှုပ်ခံရတဲ့ တိုင်းပြည်ကြီးတစ်ခု
တိုင်းပြည်ကြီးတစ်ခုအောက်မှာ
ဘယ်နတ်ဘုရားမှ မခိုနားနိုင်တော့တဲ့ ဘုရားကျောင်းတစ်ခု
ဘုရားကျောင်းတစ်ခုအောက်မှာ
မြှုပ်ပုန်ထား ကမ္ဘာစစ်ကြီးများ
ကမ္ဘာစစ်ကြီးများအောက်မှာ
ပျက်စီးဝါးကျင်နေပြီ ဖြစ်တဲ့ ယဉ်ကျေးမှုပြတိုက်ကြီးတစ်ခု
ယဉ်ကျေးမှုပြတိုက်ကြီးတစ်ခုအောက်မှာ
တံဆိပ်အမှတ်သားပျက် ငွေစက္ကူများ
ငွေစက္ကူများအောက်မှာ
အရိုးငေါ်ထွက် မျက်လုံးဟောက်ပက်နဲ့ ကျေးကျွန်များ
ကျေးကျွန်များ အောက်မှာ
ဂူပေါက်ဝမှာ ကျောက်တုံးများပိတ်ဆို့လျက် ကျောက်ခေတ်လူသားများ
ကျောက်ခေတ်လူသားများအောက်မှာ
နောက်ပြန်ဆုတ်နေတဲ့ ဆင့်ကဲဖြစ်စဉ်များ
ဆင့်ကဲဖြစ်စဉ်များအောက်မှာ
မီးတွင်းထဲမှာတင် ဆုံးပါးသွားတဲ့ (ကမ္ဘာကြီးရဲ့မိခင်) သမုဒ္ဒရာကြီးတစ်ခု

and more people binge-drink and rampage. In the streets, citizens from all walks of life – regardless of caste, class or noble birth – peer up cautiously at the giant sky. Car accidents, fire drills and street brawls become very unremarkable incidents. Some people just remain inside their homes and keep on doing whatever it is they are doing. For these people, 'When aliens come, they come.' And there are even those who, all day, calmly chew on their own boots.

Translated by ko ko thett & James Byrne

UNDER THE GREAT ICE SHEET

Under the great ice sheet
A great country has been buried alive.
Under the great country
A great church where God no longer shelters.
Under the great church
Great wars, welded together six feet under.
Under the great wars
A great museum of culture, dilapidated and yellowing.
Under the great museum
Banknotes without currency.
Under the banknotes
Slaves with protruding bones and sunken eyes.
Under the slavery
A Stone Age cave sealed by stones.
Under the Stone Age
Regressive evolution.
Under the evolution
The ocean – the mother of Mother Earth – who died in labour.

သမုဒ္ဒရာကြီးတစ်ခုအောက်မှာ
ဘယ်သူမှ မထင်မှတ်ထားတဲ့ ရေခဲပြင်ကြီးတစ်ခု
ရေခဲပြင်ကြီးတစ်ခုအောက်မှာ . . . . . .

Under the ocean
A great ice sheet, unanticipated.
Under the great ice sheet...

Translated by ko ko thett & James Byrne

Brahmaso: (from Pali brahmavihāras) Brahmaso consists of the four principal Buddhist virtues also known as 'the four immeasurables'. They are: *metta* (loving-kindness), *karunā* (compassion), *mudita* (emphatic joy) and *upekkhā* (equanimity).

deva: (Pali) a superhuman being in traditional Buddhist cosmology.

dhamma: (Pali) the teachings of the Buddha, the universal law of nature, also spelt 'dharma' (from the Sanskrit).

dukkha: (Pali) a Buddhist concept encompassing suffering, angst, anguish, frustration, pain, discontent, affliction, anxiety, sorrow, discomfort, stress, misery, etc.

Doe-Pup: upbeat music which includes a dance that is set to Burmese drums.

kyat: the currency of Burma / Myanmar, abbreviated as K.

Magada: mythical Pali believed to be the language Buddha used to preach his sermons, the language of birds and beasts and nature, the language that some supernatural beings use to communicate with nature, also the ancient language of the Magada nation who once occupied what is now Bihar, India.

mantra: (Sanskrit) in Hinduism and Buddhism, a word or formula, chanted or sung as incantation or prayer, an oft-repeated word or truism.

metta: (Pali) loving-kindness, the first virtue of Brahmaso.

mingala: (from Pali Mangala) auspiciousness, or a blessing.

mingalaba: A phrase adopted as a formal greeting for school children in the 1930s and now widely treated as a standard greeting in Burma.

mu: an obsolete and basic Burmese currency, like a penny.

nat: alongside Buddhism, nat spirits are widely worshipped in Burma. The Burmese Buddhists by and large believe that lower nats inhabit the earth, usually as guardian spirits of trees, mountains, rivers etc. and higher nats or *devas* dwell in the six heavens.

padauk: the flower associated with the Burmese new year. Padauk wood is valued for its toughness and stability.

Pali: Pali is an ancient language of the Indian subcontinent. Many of the earliest Buddhist scriptures are written in Pali, and the language is still used liturgically in Theravada Buddhism.

paso: Burmese sarong for men.

Samsara: 'continuous flow', the endless cycle of birth, life, death, rebirth and reincarnation in Buddhism and other Indian religions (from Sanskrit, Samsāra)

sling bag: a traditional woven bag.

stupa: a Buddhist shrine, pagoda or temple that marks the site of a particularly auspicious event.

Thagyan: Thingyan, the Burmese new year water festival that usually falls in April (from Sanskrit meaning passage or transit of the old to the new).

thanaka: a yellowish cosmetic paste made from ground murraya bark. It has been used for centuries by Burmese women as sun-lotion, skin cream and as makeup. Thanaka from Shinmadaung is particularly sought after.

tikepon: a traditional Burmese man's jacket.

yane: a group dance, usually performed by young women, during celebrations such as the Burmese new year.

zat: All-night theatrical performances, combining melodrama, slapstick, traditional dance, and even pop music are called zat pwe in Burma. These events are staged in makeshift theatres and are typically part of fundraisings and seasonal pagoda festivals. Zat troupes, composed of professional dancers, comedians, stage-hands, and even their family members, tour from town to town throughout the country all year round.

ABOUT THE EDITORS

KO KO THETT is a Burmese poet who writes in English. He translates Western poetry into Burmese, and he is working on his first full poetry collection, *the burden of being burmese*. A full biography can be found on page 207.

JAMES BYRNE's second poetry collection, *Blood/Sugar*, was published by Arc Publications in 2009. He edits *The Wolf*, an international poetry magazine, which has published various Burmese poets like Zeyar Lynn, Saw Wai and Zawgyi. In 2008, Byrne won the Treci Trg poetry festival prize in Serbia. His *Selected Poems: The Vanishing House* was published by Treci Trg (in a bilingual edition) in Belgrade. He is the co-editor of *Voice Recognition: 21 Poets for the 21st Century*, an anthology of poets under 35, published by Bloodaxe in 2009, and he recently edited *The Wolf: A Decade (Poems 2002-2012)*.

Byrne was born in 1977 and currently lives in London and was the 'Poet in Residence' at Clare Hall and a research associate for the School of Oriental & African Studies (researching modern Burmese poetry). He completed his graduate studies at New York University, where he was given a Stein Fellowship ('Extraordinary International Scholar').

ADDITIONAL TRANSLATORS:

MAUNG THA NOE is a key Burmese translator of the twentieth century who introduced modernism into Burma in the 1960s. He began as a journalist working for the *People Daily* and the *Mandalay Times*. When the newspapers closed down he became a language teacher and began contributing articles on language and poetry criticism to various magazines. He has published two books on linguistics: *Burmese Spoken and Written* (1972) and *Myanmar, Language and Literature* (2001). His translations from English include Edwin Arnold's *The Light of Asia* (1977, 1992, 2000), Fitzgerald's *Rubaiyat of Omar Khayyam* (1994), and Jostein Gardner's *Sophie's World* (2002). Maung Tha Noe has published several collections of translated poems, the best known being *Pine Tree's Shade*, first published in 1968. His books of translations into English include Tin Moe, Aung Cheimt and Thukhamein Hlaing.

CHRISTOPHER MERRILL is the Director of the International Writing Program at The University of Iowa. He works across genres with books that include four collections of poetry, translations of the poetry of the Slovenian Aleš Debeljak, several edited volumes and four books of nonfiction: *Things of the Hidden God: Journey to the Holy Mountain; The Grass of Another Country: A Journey Through the World of Soccer; The Old Bridge: The Third Balkan War and the Age of the Refugee;* and *Only the Nails Remain: Scenes from the Balkan Wars.* His work has been translated into twenty-five languages. He has held a professorship at the College of the Holy Cross, and worked with Maung Tha Noe during his visit to Iowa in 2004.

VICKY BOWMAN served twice in the British Embassy in Burma, including as Ambassador from 2002-2006. After a first degree in Pathology, she joined the Foreign and Commonwealth Office in 1988 and learned Burmese at London's School of Oriental and African Studies prior to her first posting in 1990. She has maintained her Burmese language skills inbetween postings by translating short stories and poetry. She married Burmese artist Htein Lin in 2006 and was posted to the FCO in London as Director, Global and Economic Issues. She is currently working for a mining company.

ZEYAR LYNN is a poet, critic, writer, translator and language instructor who lives in Rangoon. He has translated various Western poets such as Sylvia Plath, Wisława Szymborska, Donald Justice, John Ashbery and Charles Bernstein. For a full biography, see page 147.

PANDORA (see page 237) and KHIN AUNG AYE (see page 133) contributed to the translation of ko ko thett's poems into Burmese.